Monotasking

From Procrastination to Productivity by Cutting Down on Tasks to Do

单核工作法图解

事多到事少，拖延变高效

[瑞典] Staffan Nöteberg 著

大胖 译

人民邮电出版社

北　京

图书在版编目（ＣＩＰ）数据

单核工作法图解：事多到事少，拖延变高效 /
（瑞典）史蒂夫·诺特伯格著；大胖译. -- 北京：人民
邮电出版社，2017.10
ISBN 978-7-115-44860-6

Ⅰ．①单… Ⅱ．①史… ②大… Ⅲ．①工作方法－通
俗读物 Ⅳ．①B026-49

中国版本图书馆CIP数据核字(2017)第026279号

内 容 提 要

本书的主题是管理时间，战胜拖延。作者通过自身多年的经验，首创了一
套简单、灵活而又强大的单核工作法，能行之有效地帮助你加强自制力、集中
精力。全书分为 6 章，从"削减待办任务""现在专注一件事""永不拖延""循
序渐进""简化协作"和"给创意充电"等方面详述这一方法，助你在日常生活
中轻松完成各项任务。

本书不仅适用于高管和上班族，还适用于学生等一般人群。所有想提高办
事效率的人，都能从本书中获益。

◆ 著　　　　[瑞典] Staffan Nöteberg
　　译　　　　大　胖
　　责任编辑　杨　琳
　　责任印制　彭志环
◆ 人民邮电出版社出版发行　　北京市丰台区成寿寺路11号
　　邮编　100164　电子邮件　315@ptpress.com.cn
　　网址　https://www.ptpress.com.cn
　　北京九州迅驰传媒文化有限公司印刷
◆ 开本：880×1230　1/32
　　印张：5.875　　　　　　　2017年10月第1版
　　字数：142千字　　　　　　2025年3月北京第16次印刷
　　著作权合同登记号　图字：01-2016-8307号

定价：49.00元
读者服务热线：(010)84084456-6009　印装质量热线：(010)81055316
反盗版热线：(010)81055315

抬头看路，低头干活。

——中国俗语

本书赞誉

这本书是个特例——在读过十几页之后你会想放下它、立即付诸实践。想做就去做吧，但之后还要捡起书读完。每一页都用得上。

——Ola Ellnestam，Agical 公司首席执行官，

敏捷联盟委员会前任秘书

我发现要搞定工作并且有效推动公司进展，"单核工作法"必不可少。这本书读来轻松，书中提供的大量工具特别实用。

——Tomas Rahkonen 博士，Flexenclosure 公司首席技术官

《单核工作法图解》一书涉及当代神经科学的重要主题——我们的大脑结构更适合一次处理一件事，即单核工作。阅读这本书，工作有成效。

——Lina Leufven，敏捷教练

《单核工作法图解》以轻松愉快的方式提供了各种各样的方法来充分利用时间，无论是上班时还是下班后。你可以从零开始使用这些方法。

——Tobias Anderberg，宜家公司资深软件工程师

本书就是为那些想要追求效率、但往往无法保持专注的人（比如我）准备的。你还应该多买一本，送给以"多任务高手"自夸的朋友。

——Viktor Nordling，Palantir 技术公司软件工程师，企业家

我非常喜欢"全景闹钟"，它可以很自然地融入会议、休息的节奏。在团队和个人工作中都同样适用。番茄工作法我一直用得不彻底，而单核工作法舍去了一切不必要的元素，从而足够简单，连我这样的人都能用上。

——Joakim Ohlrogge，软件工程师

中文版推荐序一

我数了一下，这本不到 200 页的小书，竟然引用了多达 243 个参考文献，包括相当多的学术论文和经典著作，可见作者下了很多功夫来写作本书。但是他在表达上不愿意铺陈，言简意赅，无一处闲笔，我不知道这是不是跟瑞典人的文化性格有关。老实说，信息这么浓缩的书，我已经很少读到了。你读的时候可得小心，万一漏掉了书里的一句话，就有可能错过一个很重要的知识点。

因而我感觉这本书的写法跟作者多年来践行的单核工作法一样，都体现了简明、高效、精要的特色。所谓的单核工作法，简单讲就是在设定好的时间内，一次只做一件事，但与此同时，又可以根据变化着的全局重新设定工作重心。作者从心理学的角度解释了这种方法的原理，以他 20 多年的实践验证为基础，并且以大量前人著作中的知识点和实践方法为补充。

大多数人都希望自己能高效地做事，但能把做事的方法研究对和研究透的人并不多。我觉得本书作者算一个。我丝毫不怀疑单核工作法的正确性，因为我自己就是用类似的方式来做事的，只不过没有这样一个名字罢了。所以我相信，如果你试着像这本书里介绍的方法一样来工作，也应该能收到不错的效果。

当然，正确的方法是一个方面，另一个重要的方面是，你能不能把正确的方法转化为持续的行动，并且养成长久的习惯。讲方法的书其实用不着贪多求全，关键是看你能不能用起来。希望这本书不仅给你以指导，而且能形成鞭策，像一本行动手册一样。每当你混乱和手足无措的时候，就拿出这本书来翻翻，让自己清晰和有序起来。

采铜

畅销书《精进：如何成为一个很厉害的人》作者

中文版推荐序二

又一次见到黄瓜与洋蓟君了，上一次相遇是 7 年前阅读《番茄工作法图解》。作者 Staffan Nöteberg 先生与译者大胖老师的风格依旧，篇幅简短精悍，文字轻松有趣，谈原理的同时又给出操作建议。

不禁想起参加工作第一年，我学到了一个习惯：开始一天工作前，在清单上写下待办事项；至今仍深受其益。后来听说还有"自我管理"这门学问，于是开始深入学习。辗转至今，我仍认为白纸写清单是无懈可击的好方法。

曾经的管理都是讲如何管别人，那么管理自己是否也是管理？答案是肯定的，管理的对象变了，但管理的功能没变，依然是计划、组织、领导、控制。这不是我讲的，而是德鲁克老先生讲的。如果说自我管理是一门学问的话，那德鲁克老先生便是开山鼻祖，其著作《卓有成效的管理者》先知式地提出了"自我管理"这个问题。他的两个观点具有重要价值：一、知识工作者应当卓有成效；二、卓有成效并非天生，而是后天习得。既然可以习得，首先便有了信心，其次就要讲方法。

对于知识工作者而言，像生产线上的蓝领工人一样按部就班几乎不可能，老板付工资就是让你处理变化，纯粹用日程表来管理自我的日子已经一去不复返。我们如假包换地生活在了德鲁克老先生所讲的知识社会中，知识工作者们太渴求变得卓有成效了，因此市面上出现了许多自称可以帮助人变得更加高效的图书。

　　进一步要问的是：怎样的方法是真正可以帮助我们的方法？两点心得与你分享：一、它应是一套有逻辑的系统方法，而不光是鸡汤；二、这套方法应当易于使用。

　　自我管理方法不是科学，是技术。脑科学的研究日新月异，但多数人不会去阅读科研文献，就需要有人把这些新发现翻译成可操作的技术，才能运用到生活中，所以自我管理方法也在随着科学的发展而不停前进。

　　《单核工作法图解》是 Staffan 先生多年自我管理实践与咨询经验的结晶，阅读这本书让人收获颇多。该书轻松易读，引用了大量前沿研究，也提出了一系列可实践的方法，推荐给希望变得卓有成效的你。

叶骥

时间管理专家、独立培训师

译者序

　　《单核工作法图解》是史蒂夫·诺特伯格（Staffan Nöteberg）打磨时间管理方法的新作。对广大热爱"番茄工作法"的读者（比如我）来说，打开这本新书的心情也许是兴奋伴随着好奇：单核工作法，会比番茄更强大吗？

　　答案是……请放心，我不会在本书开头剧透的。讲个大家都知道的故事吧：《倚天屠龙记》里有一把剑、一把刀。武林至尊，宝刀屠龙，号令天下，莫敢不从，倚天不出，谁与争锋？

　　读者禁不住猜想，究竟是刀厉害还是剑厉害？要由绝顶高手持刀剑互砍才知道。终于有一天，周芷若小姐姐帮我们做了试验，结果两样都毁了——原来刀剑里藏着绝世宝典：武穆遗书、九阴真经。

　　学无止境，阅读的人（比如你）最厉害。

大胖

目　　录

果壳中的单核工作法

"不，你把事想错了。只要是没有圈出来的事，全都应该划入不惜代价避免之列。"成就过人的投资家沃伦·巴菲特这样指导他的飞机师迈克·弗林特，告诉他，只要一项任务的重要程度排不进前5名，都应该不惜代价避免去做。

面对很多任务，我们的选择可以更有效率。我们可以不要开启那么多新任务，而是要先完成已经决定要做的任务；我们可以优先处理最重要的任务，而不是最紧急的任务；我们还可以一次只专注于一项工作。

我将首先带你认识单核工作法，描述我们面对的问题和挑战，并且展示一些能提高效率的单核工作法工具，例如快捷清单、颠倒优先级、全景闹钟等。

一分钟：什么是单核工作法？

五项基本概念

※ 快捷清单是单核工作法的核心。它最多存放 5 项当前最重要的任务。如果还要添加更多的任务，就必须删掉原有任务。

※ 单核时段只用于专心处理快捷清单上的一项任务。以全景闹钟作为单核时段的结束。

※ 全景闹钟应该设置在分针的下一个竖直位置，例如 9:00、9:30、10:00，但距离现在不少于 25 分钟。在闹钟响铃时，把注意力从单核时段切换到全景时段。

※ 全景时段期间查看所有的待办任务，并且思考"拉金问题"
（Lakein's question）[1]：此时此刻，我的时间最好用来做什么？

※ 颠倒优先级是指把紧急任务排到重要任务之前，应该避免。
完成最重要的任务，我们的长期目标才能实现。

问卷

在开始脑力激荡之前，先找出你在现阶段工作当中经常遇到的
"时间杀手"，给它们打钩。

❑ 任务间切换   ❑ 责任太大，权力太小

❑ 利益关系人太多   ❑ 毫无准备的任务

❑ 急迫的任务   ❑ 决策迟缓

❑ 三小时的会议中间没有   ❑ 不敢反对管理层

  休息   ❑ 缺少个人空间

❑ 早晨总是缺少灵感   ❑ 缺少运动设施

❑ 同事喧闹   ❑ 互相推卸责任

❑ 工作材料不全   ❑ 追求完美

❑ 每天的事务性工作   ❑ 按下葫芦浮起瓢

❑ 规划做得太长远   ❑ 面临截止期限

❑ 信息不容易找到

单核和全景的节奏

按照重要程度，把你想到的任务列在快捷清单上。现在就写，我等你。你也许会看一眼昨天的清单，也许会增加一些任务，但千万别粗枝大叶地直接拿昨天的清单来用。从昨天复制到今天的任务应该仍然是重要的。任务总数最多不要超过 5 项。

全天都在全景和单核之间切换。在你需要的情况下，可以在两者之间稍事休息。单核工作意味着聚焦放大一项且仅此一项任务。全景总览意味着放眼全局，选择当前最重要的一件事。

开始单核工作时段之前，记得设置一个全景闹钟。把闹钟设置到分针的下一个竖直位置，但距离现在不少于 25 分钟。例如现在是 9:15，就设置闹钟到 10:00；如果现在是 11:03，就设置闹钟到 11:30；以此类推。

如果有新任务在头脑中浮现，立即写到快捷清单里，而不是马上去做。如果有人打断了你，问他能不能晚一点再来。当然，如果他们的任务比你的更重要，就得先去帮助他们。

从全景模式切换到单核模式之前，在快捷清单上所选的任务旁边画一个小"×"。做好标记，让你确定无疑地在单核时段专注于这件事。如果一项任务完成了，就在清单中删掉它。

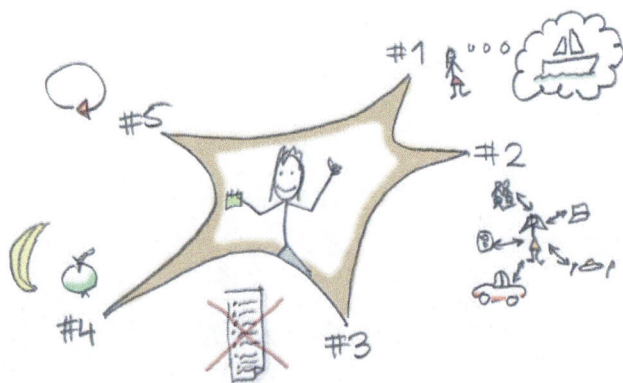

单核工作法的五大原理

年轻而好奇的心理学研究员布鲁玛·蔡加尼克当初怎么也想不到，她在餐厅里微不足道的小发现会改变个人生产力的游戏规则。尽管这件事发生在 20 世纪 20 年代，但是在今天的职场工作中，我们还在想方设法利用她发现的原理。

当客人结账时，餐厅里的服务生能清楚地记得他们都点了什么。这种能力深深吸引了布鲁玛。无论她和朋友在餐厅里坐了几个小时、加了多少次菜，服务生都能成功回忆起所有细节。

结账半小时后，她们请服务生再次把账单内容写下来，他就做不到了。服务生的回答令人惊讶："我想不起你点的是什么了，因为你已经结账了啊。"在客人付款之前，账单明细都会记录在服务生的脑子里。这个过程结束以后，它就被忘记了。[2]

为了通过科学实验来证实她的理论，布鲁玛请到 164 名志愿者，让他们做 20 项任务。她没有告诉他们其中一半的任务在没完成时就会被打断，也不让他们猜到这些打断是实验故意安排的。一些任务是手工活儿，例如做纸盒、捏泥人；另外一些是脑力工作，例如拼图、算术。全部结束之后，志愿者要回忆自己做过的所有任务。布鲁玛最初在餐厅里的发现获得了证实：未完成的任务更容易被记住。人们记住的未完成任务数量几乎是已完成任务数量的两倍。[3]

人们更容易记住未完成或不完整的任务，这个事实被称为蔡加尼克效应（Zeigarnik effect）。我们也可以换个好记的名字，叫它服务生效应。在本书后面我们会看到，虽然它会造成问题，但也能加以利用。例如，把任务做到一半再离开办公室，有助于明天早晨开始工作。所以别再借口"快吃午饭了"就不做事哟。这就引出了第一条原理。

> **原理 1：** 已经开始的任务会无条件地占据我们每天的所思所想，直到被完成或删除。

每次从一项任务切换到另一项任务时，我们大脑的执行机构要做两件事。首先是进行目标转换：之前我在做这个，现在我要做那个。其次需要为新任务创建场景，这个阶段称为规则激活。

切换任务是花时间的。一次切换可能仅需 0.1 秒这么短，但在一天当中不停地切换任务，就可能会消耗掉一大部分富有生产力的时间。本来是想追求高效，实际上却在任务切换中浪费了很多时间。[4]

任务切换还会导致错误。如果反复清除工作记忆、重新载入当前任务的规则，就无法建立解决问题的良好基础。你做的任务越复杂，在任务切换中产生的错误就越多。

反复的任务切换还会降低人们通常所说的情商（emotional quotient，EQ）。切换令人焦虑，从而增加大脑中"压力荷尔蒙"皮质醇的水平，而这可能导致攻击和冲动行为。

最后，任务切换需要很多能量，会用光大脑中的含氧葡萄糖。不幸的是，那恰恰是我们对任务坚持不懈所需的燃料。因此任务切换越频繁，我们就越难以专心在一件事上。耗尽资源的我们，不久就会感觉身心疲惫，甚至找不到方向。[5] 这样就有了第二条原理。

> **原理 2：** 多任务切换不仅会拖慢速度，而且注定会耗尽大脑能量。

在这个日新月异的时代，最重要的任务也可能遇到变数——可能是实际花费的时间超出预期太多，也可能是新出现了其他更重要的任务。我们需要至少每小时用拉金问题提醒自己一次：此时此刻，我的时间最好用来做什么？

为任务排列优先级尽管耗费精力，但必须经常做。我们可以对选项加以限制，只有少数几项有理由成为最重要的事情，这样大脑可以轻松一些。单核工作法提供了一些简单有效的机制，例如全景时段和快捷清单，可以节约脑力。

每个人都是心里装的事太多，实际有空做的事太少。排列优先级，就是最重要的事情最先做。优先级的高低与事情的紧急程度、等待时间的长短都没有关系，更不能按照已经过时的计划来安排。

如果事情的安排是动态变化的，我们最好保持其透明度。利益关系人在期待我们的工作结果，有必要定期告知他们这项任务我们是打算做还是不打算做。第三条原理是我们要肩负的责任。

> **原理 3**：我们应该负起区分优先级的责任，选出现在头号重要的事来做。因为会不断有各种事情出现在我们脑海中，值得做的事数不清。

每小时安排几次短暂的休息，有利于保持专注。我们的注意力是有期限的。如果工作的内容一成不变，好几小时都不停歇，我们的思维就会开始游荡。休息一下，也让肌肉活动活动，每天 8 小时坐班工作不是什么好事。[6] 利用休息时间，断开与工作的连接，我们可以获得新的见解，开启创造性思维。最后，休息也顺便提供了一个时间点，让我们可以重新排列优先级，看看哪一个任务最重要。

据美国国家公路交通安全管理局（National Highway Traffic Safety Administration，NHTSA）估算，在美国，每年因睡着或困倦导致的交通事故会造成超过 10 万人伤亡。[7] 与此一致的是，科学研究显示，缺乏睡眠或者睡眠质量低下会导致日常职场工作的错误增加、生产力降低。不仅如此，如果我们放弃了快速眼动（rapid eye movement，REM）睡眠时间，也就意味着错过了从经验中学习的机会。要改善睡眠，有一些小技巧和小方法。

锻炼身体是改善睡眠的方法之一。[8] 锻炼还可以让我们更健康，减少患老年痴呆症的风险。[9] 创造性思维可以在锻炼时得到增强。[10] 举个例子，仅仅是把讨论交流的场所从会议室换到散步途中等做法都会产生惊人的效果，令人获得奇思妙想。[11] 在供氧充足的状态下，我们的大脑自然能够更好地思考。

我们吃的每样东西几乎都会转化为葡萄糖，为大脑提供燃料。饿肚子工作时效率会降低。面条、面包、软饮料可以迅速释放葡萄糖，从而导致能量大起大落。高脂肪食物能提供更持久的能量，但会降低大脑供氧水平，因为它们更不容易消化。富含水果和蔬菜的食谱可以让我们更快乐、更积极。[12] 有营养、多样化的饮食既可以让我们提高短线效率，又可以让我们保持长期的生产力。把所有这些综合在一起，就是第四条原理。

原理 4：经常休息、好好睡觉、锻炼身体、吃得健康——我们必须在这些事情上进行投资，才能在日常工作中稳步前进。

在现代职场工作中，我们会发觉自己身处的环境错综复杂，改变随时可能发生。公司服务的市场在改变；公司的使命在改变；个人的工作职责在改变；我们不断学习新知识，提高技能和效率；有同事离开，有同事入职。这些都会引发新的群体动力学现象在团队中出现。

没有一种方法是百试百灵的。我们是不同的人，思想有别、动机多样。然而我们仍然可以从彼此身上学习，尝试他人赖以成功的方法。

现代管理学之父彼得·德鲁克在 1954 年说："商业目标的真实定义只有一个：创造顾客。"[13] 对于我们个人来说，要问自己的问题是：我为什么在这里？我如何才能帮助公司解决顾客的问题？速度快和效率高（efficient）还不够，我们还希望更有成效（effective）。

最后，每日实践、不断改进的过程会让我们乐在其中。专精（mastery）是人类最强大的驱动力之一。[14] 当我们感觉到自己的进步、发现做事更得心应手时，就会更加投入、更加满足。

打破现状、挑战自己，这必须成为我们每天的日常。下面就是最后一条原理。

> **原理5**：我们的方法必须适应环境；要根据自己最新的个人经
> 　　　　　验，一点一点调整。没有放之四海皆准的方法。

这些就是五大原理：(1)"开始做"会让我们想要做完；(2) 多任务会降低速度，消耗能量；(3) 我们有责任按照重要性而非紧急度排列任务优先级；(4) 休息、睡眠和健康的生活习惯是保持可持续步伐所必需的；(5) 拥抱变化、持续改进才能适应日新月异的世界。在这些原理的基础上，我们就有了提高生产力的单核工作法。

单核工作法的适用性

成功地完成并交付工作是一件乐事。提高个人生产力的方法有很多，它们都号称可以帮我们搞定更多工作。有一些方法很好，但也有很多方法错综复杂、耗费时间、要求超人的自律。我们缺少的是一套实用、简单并且强大的方法。怎样才能在每一天做最好的自己，又不必处理成堆的规则、清单和工具呢？我的答案是使用单核工作法，它是我长期经验的成果。我在周游世界、向数万听众讲授个人生产力方法、指导几百位客户的过程中，收集了许许多多真实的故事。我由此深受鼓舞，开始实验一些不同的方法。单核工作法就是我 25 年的实验成果和经验积累。

要正式讲述单核工作法，我们先从这 5 条明确、可信的原理开始。

原理 1：已经开始的任务会无条件地占据我们每天的所思所想，直到完成或被删除。

原理 2：多任务切换不仅会拖慢速度，而且注定会耗尽大脑能量。

原理 3：我们应该负起区分优先级的责任，选出现在头号重要的事来做。因为会不断有各种事情出现在我们脑海中，值得做的事数不清。

原理 4：经常休息、好好睡觉、锻炼身体、吃得健康——必须在这些事情上进行投资，才能在日常工作中稳步前进。

原理 5：选用的方法必须适应环境；要根据自己最新的个人经验，一点一点调整。没有放之四海皆准的方法。

　　生产力是人们共同的追求。每个人都想搞定很多事情，这是利己利人的最佳途径。史蒂芬·柯维列出了高效能人士的七个习惯。[15]第一个也是最重要的一个习惯是，以积极负责的态度面对生活。面对成堆的任务，全盘接受是不够的，我们还必须能预估它们所需的确切时间；只是坐等灵感出现，而没有着手进行最重要的任务，事情就不会有任何进展；对于怎样完成工作缺乏自己的想法，只知道按老套路出牌是不负责任；选好了一款个人生产力系统，但因为太难用，始终没有按它的方法做，等于自我欺骗；为了让利益关系人看见我们在流汗付出，同时做好几样事，只会折损速度；把事情规划得过于周密细致以至于同现实脱节，但还要去遵守它，无异于鼠目寸光。

　　单核工作法可以让你效率更高、产出更多、更有所作为，而不是工作更辛苦。我们交替使用两种工作模式：全景总览和单核专注。在全景模式中，放眼整个地平线上的任务：从现在开始的一小时最好用来做什么？选定一项任务后，先设定一个全景闹钟，在分针走到下一个竖直位置时响铃（例如 8:00、8:30、9:00，等等），但要确保不少于 25 分钟。然后进入单核模式，专注处理单独一项任务，就是刚刚在全景模式中挑出来的最重要的一项任务。我们的专注点是现在——不念过往，不畏将来。我们这样做，是因为认识到自己可支配时间的宝贵。白天进行多次休息，以保持步伐；晚上保证足够的睡眠时间。我们还可以分配时间进行社交活动，与家人和朋友在一起。在这些自由时间里，不会感觉良心不安。

　　如果存在平行宇宙，我们就能证明某个个人生产力系统更胜一筹。但现实并非如此，我们只能先选一种试试，看它是否管用，能否提高效率。你需要自己尝试，亲自体验。只需两星期的实践，单核工作法就能让多数人信服。说到底，选择最适合自己的方法，权力在你。

　　现在是时候保护我们的可支配时间，不再受噪声和多任务的困扰了；现在是时候主动、灵活、经常地进行优先级排序了；现在是时候精打细算地投入精力，在日常工作中保持最佳节奏了——这样有利于我们的客户、公司和家庭，而最重要的是有利于我们自己。

颠倒优先级

"我把问题分成两类：重要的和紧急的。紧急的问题不重要，重要的问题从来不紧急。"第 34 任美国总统艾森豪威尔在 1954 年说出了这句脍炙人口的名言，艾森豪威尔矩阵（Eisenhower Box）由此产生。[16]

举个例子：同事催我赶快准备一份蛋糕，今天下午茶歇的时候要吃——这是紧急任务。紧急的问题不重要。销售报告的截止期限是下周，然而它才是重中之重。重要的问题从来不紧急。写销售报告吧，忘掉蛋糕的事。

1967 年，洪梅尔[17] 用犀利的笔调写道："紧急的任务，虽然不重要，但要求立即得到回应——它们造成压力，占据醒着的每时每刻，没完没了。"他将这种情况命名为颠倒优先级。[18] 把紧急任务放在重要任务之前做，就是颠倒优先级。

重要任务是贡献于长期目标的，紧急任务则要求人们立刻注意。我们在处理重要任务的时候是主动响应，而在紧急任务上是被动应付。把紧急任务排在重要任务之前，也被称为救火行为。

按照排好的优先级进行工作，这是史蒂芬·柯维所说的第三个习惯：要事第一。你花在紧急事情上的时间越多，紧急工作就会堆积得越高。那些本来重要但不紧急的任务也会变成紧急任务。[19]

"我没时间"是谎言

　　每个人都是心里装的事太多，实际有空做的事太少。但多数事情都是有可能做到的，只要我们给它最高的优先级。我们每天都有新的 24 小时，说"不"的原因并非缺少时间，真实原因是：我们给其他任务排了更高的优先级。因此，别再说"我没时间"了。

　　好吧，有一个例外。比如有人问我，今天晚上能不能玩通 700 局高难度的数独游戏？经过简单的计算，我必须承认时间不够。一局数独游戏需要半小时，就算我不吃饭、不看电视、不陪家人甚至不读书，整个晚上的时间也是不够玩通 700 局的。

　　不过如果他进一步问我，能不能用一年时间玩通 700 局高难度的数独游戏？要想做到，就得每天分配一小时在数独游戏上。尽管我对此情有独钟，但这样就会有其他更重要的事情完不成。我确实有时间，但会给其他任务更高的优先级。

　　如果当初能放下其他事，优先把沼泽里的水抽干，我们今天就不会为被鳄鱼吞掉而后悔了。最重要的任务一天没有得到最优先处理，就是在白白浪费一天的时间。嘴上说"我没时间"的人，可能已经做了急事的奴隶。[20]

　　制定你的优先级顺序，就是要选择把时间用在哪里。一旦定下来就别不好意思。保持透明度，允许其他人直面和质疑你的优先级排序，他们也会尊重和接受你的"不"。千万别说"我没时间"了。

全景闹钟

阿兰·拉金在 20 世纪 70 年代就建议我们，应该在专注的时候使用计时器。[21] 使用单核工作法时，为了在全景模式和单核模式中切换，我们要在单核时段开始之前设置定时响铃的全景闹钟。闹钟响铃提醒我们重新评估优先级。

全景闹钟有助于进入心流状态。设置了闹钟以后，"当前任务是不是该做的那一个"就不再是问题了。既然选定了它，我们就投入100% 的注意力在它上面——单核专注，直到闹钟响铃。然后我们再查看所有的待办任务，选出最重要的一项——全景总览。

给专注时段设置一个固定的长度有助于保持良好的节奏，可惜这种限制过于死板。我们通常会为专注时间设置一个截止期限。例如现在是 9:08，在 9:30 有个会议，那么在 9:30 或提前一分钟设置全景闹钟显然是比较合适的。

按照惯例，会议和其他"硬景观"活动的开始时间一般是在一天中的 48 个时间点：00:00、00:30、01:00、01:30……23:30。所以聪明的办法是，每次都在这些时间点上设定全景闹钟，这样不会耽误开会。

在不耽误开会的前提下，我们需要至少 25 分钟专注在单核任务上。例如当前时间是 9:03，则设置全景闹钟到 9:30；如果当前时间是 9:12，则设置全景闹钟到 10:00；如果当前时间是 10:28，则设置全景闹钟到 11:00。

单核工作法：简单、灵活、强大

个人生产力系统可以帮我们管理自己的时间，提高效率、产能、成效。然而，如果这个系统过于复杂、死板或者费时，它早晚会被抛弃——不管其潜在作用有多大。

死板的个人生产力系统似乎是由一群本职是为计算机编写程序的工程师设计的。虽然他们试图给出非常详尽的定义，说明在每一种可能的情况下该如何行动，但还是无法照顾到大部分情况。世界太复杂，一套规则根本不够用。更好的方法是用良好的实践来代替规则，从而重新唤起直觉本能。

复杂的个人生产力系统是宗师级别的个人生产力专家创建的。他们热衷于使用多重清单、方案和工具。但如果在个人生产力系统上搞发明创新并非你的专长，你会更希望有一个轻松的方法可以立刻实施，并且能很快转变成生产力习惯。

费时的个人生产力系统通常由你所在机构的管理顾问实施。顶层的老板听了这些顾问的话，认为雇员都是懒惰的，要求必须不断向上汇报。这些系统花费的时间比节省的还多。

单核工作法功能强大，它的基本要求就是在优先级评估和专注状态之间切换。这种工作法灵活易学，时间花费少却能办大事，而且很好玩。单核工作法是创新求变的方法，开始时可以完全按书本所说的做，然后再根据自己所在的环境进行调整，觉得怎样有利就怎样改。

本书分为 6 章，分别涉及 6 个领域。如果想要提高生产力，这 6 个领域中的成功是最重要的。

- ❑ 削减待办任务
- ❑ 现在专注一件事
- ❑ 永不拖延
- ❑ 循序渐进
- ❑ 简化协作
- ❑ 给创意充电

这几章互相独立，阅读顺序可以随意调整。不过如果想成功地应用单核工作法，你需要理解所有这些章节的内容。我建议在开始阅读时，先设好全景闹钟。这样可以帮你找到感觉，思考如何定制单核工作法，从而更好地适应你所在的特定环境。

试用后你有何体会，也请及时告诉我。自从开始用单核方式工作，我获得了惊人的生产力提升，我想知道它对你是否有用。请给我发电子邮件或者在社交网络上加我为好友，具体方式请参见后记。

希望你享受阅读这本书的过程，并且从单核工作法中获益。

单核工作法：小结

问：请简要说明单核工作法应该怎么用？

答：问自己"此时此刻我的时间最好用来做什么？"写下最多 5 项候选任务。把全景闹钟设到下一个整点或半点（9:00、9:30、10:00……）。开始工作，单单专注于这 5 项里最重要的一项工作。当闹钟响铃时可以稍事休息，或者进入下一个循环。

问：能否用一两句话说明它的好处？

答：对于"一想起做事就千头万绪"的人来说，单核工作法可以帮你完成最重要的任务，提高个人生产力。不同于其他多数方法，单核工作法更容易使用，符合直觉，有科学研究根据。

问：任何人都能从单核工作法中获益吗？

答：从事有些职务的人是无权安排自己工作的优先顺序的，他们要完全按照上级的详细指示做事。很不幸，单核工作法对这类工作没有帮助。

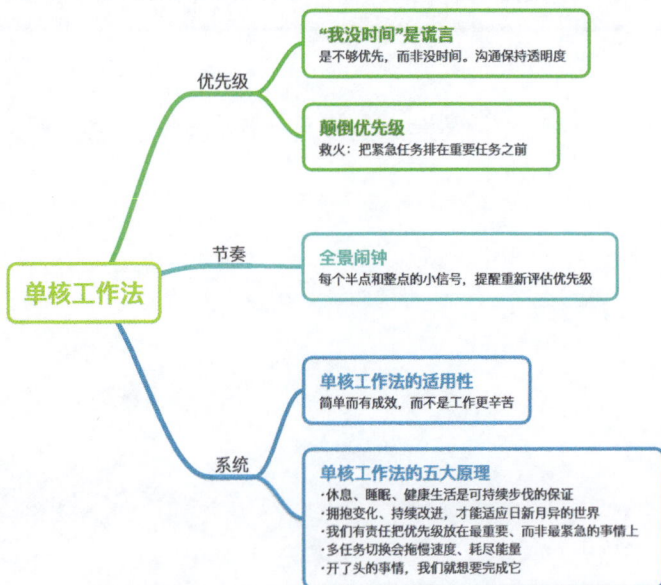

优先级

"我没时间"是谎言
是不够优先，而非没时间。沟通保持透明度

颠倒优先级
救火：把紧急任务排在重要任务之前

节奏

全景闹钟
每个半点和整点的小信号，提醒重新评估优先级

单核工作法

系统

单核工作法的适用性
简单而有成效，而不是工作更辛苦

单核工作法的五大原理
· 休息、睡眠、健康生活是可持续步伐的保证
· 拥抱变化、持续改进，才能适应日新月异的世界
· 我们有责任把优先级放在最重要、而非最紧急的事情上
· 多任务切换会拖慢速度、耗尽能量
· 开了头的事情，我们就想要完成它

注释

[1] 阿兰·拉金，《如何掌控自己的时间和生活》，北京联合出版公司，2015。

[2] Marrow, J. *The Practical Theorist: The Life and Work of Kurt Lewin*, Basic Books, 1969.

[3] Zeigarnik, B. "Das Behalten erledigter und unerledigter Handlungen", *Psychologische Forschung*; 9, 1927.

[4] Rogers, R. D., Monsell, S. "Costs of a predictable switch between simple cognitive tasks", *Journal of Experimental Psychology: General*; 124(2), 1995.

[5] Levitin, D. J. *The Organised Mind: Thinking Straight in the Age of Information Overload*, Penguin Books, 2014.

[6] Biswas, A., Oh, P. I., Faulkner, G.E. et al. "Sedentary Time and Its Association With Risk for Disease Incidence, Mortality, and Hospitalization in Adults: A Systematic Review and Meta-analysis", *Annals of Internal Medicine*, 2015.

[7] *The Road To Preventing Drowsy Driving Among Shift Workers Employer Administrator's Guide*, National Highway Traffic Safety Administration and National Center on Sleep Disorders Research at the National Institutes of Health, 1998.

[8] Loprinzi, P. D., Cardinal, B. J. "Association Between Objectively-measured Physical Activity and Sleep", *Mental Health and Physical Activity*; 4(2), 2011.

[9] Hamer M., Chida Y. "Physical Activity and Risk of Neurodegenerative Disease: A Systematic Review of Prospective Evidence", *Psychological Medicine*; 39, 2009.

[10] Atchley, R. A., Strayer, D. L., Atchley, P. "Creativity in the Wild: Improving Creative Reasoning Through Immersion in Natural Settings", *Journal PLoS One*, December 12, 2012.

[11] Oppezzo, M., Schwartz, D. L. "Give Your Ideas Some Legs: The Positive Effect of Walking on Creative Thinking", *Journal of Experimental Psychology: Learning, Memory, and Cognition*; 40(4), 2014.

[12] Conner, T. S., Brookie, K. L., Richardson, A. C., Polak, M. A. "On carrots and curiosity: Eating fruit and vegetables is associated with greater flourishing in daily life", *British Journal of Health Psychology*; 20(2), 2014.

[13] 彼得·德鲁克，《管理的实践》，机械工业出版社，2009。

[14] 丹尼尔·平克，《驱动力：在奖励与惩罚已全然失效的当下，如何焕发人的热情》，中国人民大学出版社，2012。

[15] 史蒂芬·柯维，《高效能人士的七个习惯》，中国青年出版社，2015。

[16] Eisenhower, D. D. The American Presidency Project, Speech number: 204, Title: Address at the Second Assembly of the World Council of Churches, Location: Evanston, Illinois, Date: August 19, 1954.

[17] Charles E. Hummel，也译为查尔斯·赫梅尔。——编者注

[18] 洪梅尔，《缓急之辨》，校园书房出版社，1993。

[19] 史蒂芬·柯维，《高效能人士的七个习惯》，中国青年出版社，2015。

[20] 洪梅尔，《缓急之辨》，校园书房出版社，1993。

[21] 阿兰·拉金，《如何掌控自己的时间和生活》，北京联合出版公司，2015。

第 1 章

削减待办任务

优先级排列不清晰是高效工作的主要威胁之一。这里做一点，那里做一点，但最后什么都没完成。如果一项任务完不成，那么对它付出的辛苦努力可能都会付之东流。在有太多任务要选择的时候，就没有办法排列清晰的优先级。

我们必须学会定期删除待办清单中的任务。要从根本上解决问题，还应该切断任务来源。某些任务来源只会产生一些我们永远也不会去做的任务，必须停止关注它们。

本章提出了快捷清单和除草等实用方法，强调必须按照重要程度而不是紧急程度排列优先级。此外，本章还给出了一些节省精力的技巧，包括减少任务流入，在一开始就对有些事情说"不"。

一分钟：如何做到削减待办任务？

五项基本概念

※ 忙碌谬论是一种迷信，认为手上的事情越多，人就越有价值。如果预先把日程表填得满满的，预料之外出现的重要任务就无法得到处理，你反而更容易成为其他人的瓶颈。

※ 快捷清单包含当前最重要的 5 项任务。每天早晨把它们写在一张纸上。如果还要添加更多的任务，必须去掉原有的——

要么完成一项、要么直接删掉一项。

※ 本周目的把你的专注点放在"为什么"上。在这一周，你最想取得什么进展、得到什么收获、产出什么成果？把首要目的写入一张索引卡片，贴在工作间隔板上。每当迷茫的时候，本周目的可以提醒你。

※ 集草器清单收集一些未排序的任务和想法，都是你没有拒绝、但也不会马上做的事情。表格中的每项任务应该包括"目标、利益关系人、进入清单的日期"这三项属性。

※ 除草是删掉集草器清单里的内容，每个星期都要做。除草是一项必要工作，以便保持清单可读、及时、可靠。你随时都可以根据需要在集草器清单里增加内容，但应该每周做一次批量清理。

问卷

在开始脑力激荡之前，先找出你在现阶段工作当中经常遇到的"时间杀手"，给它们打钩。

❑ 同时进行的工程太多　　❑ 交付周期太长

❑ 利益关系人太多　　　　❑ 书面工作没完没了

❑ 收到的电子信息太多　　❑ 持续的压力

❑ 老板提出的要求无法拒绝　❑ 同事不可靠

❑ 不敢叫停工程　　　　　❑ 需求变来变去

❑ 毫无准备的任务　　　　❑ 技术专家不负责任

❑ 工作材料不全　　　　　❑ 工作量暴增而能力跟不上

❑ 无权制定决策的会议　　❑ 工作分不出去

❑ 目的不清楚　　　　　　❑ 危机式管理

❑ 追求短期成果　　　　　❑ 没有排列优先级

黄瓜和洋蓟在商店门口相遇

黄瓜：阿蓟，真高兴见到你。最近顺利吗？

洋蓟：挺好的，谢谢关心。我在 8 个不同的工程里担任重要角色，另外自己也在做一些事，都是对公司未来意义重大的事情。

黄瓜：如果你给这么多工程出力，那肯定有很多利益关系人感谢你吧？

洋蓟：嗯，8 个工程各有各的项目经理，个个都想让我做他那块的事；而我更愿意花时间做我自己的事。

黄瓜：意思是说，你成了公司的瓶颈？

洋蓟：是啊，确实。尽管我熬夜干活，但还是根本赶不上交活的截止期限。同事都卡住了。

黄瓜：卡在什么地方？

洋蓟：他们没法继续工作，只能等我的结果出来。他们都在等我。

黄瓜：听说过约翰·利特尔吗？

洋蓟：约翰……什么？

黄瓜：我认为，你如果要尽快交付，就别开那么多条线。

洋蓟：你的意思是，我必须停止开始新任务，而且要开始完成老任务？

黄瓜：是的。先选择最重要的一个工程，告诉另外 7 位项目经理，你把他们排在后面了。这样他们也可以另找有时间的人为他们工作。这对每个人来说都是最好的办法。

洋蓟：听起来不错。我应该实行新政策，缩短待处理工程的队列，拒绝接新事情，并且把我做事的优先级告诉每个人。

忙碌谬论

"忙着呢"可能是一种拖延策略，也可能是缺乏理顺生活的能力。人们通常认为日理万机的人都是重要人物，日理万机的人也认为自己很重要。然而，忙碌不等于有生产力。排满 100% 的工作量让我们没有时间做重要的事情。

如果让某人计算他的每小时工资，然后再请他听一小段音乐，这些人听音乐时会更加没有耐心。[1] 毕竟听音乐不赚钱，而他们想要做更赚钱的事。当今，"我能做"和"我在做"之间不断变宽的鸿沟也是驱使我们变得越来越忙的原因。

蒂莫西·费里斯在书中写道，制造忙碌的选项几乎是无穷无尽的。[2] 努力干活增加文档的数量有什么不对？正在进行中的几个工程最好都少不了我。最重要的是，应该让各种大事小情都经我批准，多多益善。

忙碌占据了一切，日程表被会议和其他硬性时间填满了，因此我们永远无法完成在会议上承诺的事情。忙碌让我们的认知能力超载。在"或战或逃"的思维模式阻塞下，我们丧失了分析的能力。优先级排列也变得僵化。

相映成趣的是，空闲反而能促使我们完成工作。你会放眼全局，产生出乎意料的联想。[3] 把无法预期的截止期限换成"时间盒子"，你就有了更灵活的应变能力。首先要做到的是，永远别把"忙"当成借口。

本周目的

当我们在工作中找到人生目的时，就找到了最高级别的动机来源。[4] 也就是说，你在这个特定的时刻所做的事情，是某种更伟大事物的一部分，有着深远的意义。单核工作法要求你明确未来一周的目的，具体方法如下。

(1) 列出当前和未来的全部工程，不仅仅是小任务。

(2) 针对每个特定的工程，如果你让自己全心全意专注其上，那么在接下来的一周，该工程能取得哪些具体的进展？把预期进展写下来，不要用动作进行时，而要写清楚完成程度、应取得的成果，例如"打电话给 100 个潜在客户""写好销售报告并呈送给全部利益关系人"或者"完成全部下属的业绩评估"。

(3) 在第二步列出的各项进展中，选出最重要的一项，并且用至少 1.5mm 的粗笔把这一项写在卡片或 A6 纸的中央。在右上角标明从即日起一星期后的日期，这是想象中的交付日期。

(4) 把这张卡片贴在工作间的隔板上，保证你每次从电脑上抬起头都能看到。

这并不意味着你要花 100% 的时间专攻这一项任务。但是，每当迷茫的时候，它就可以提醒你本周目的所在。

快捷清单

　　待办清单中的每一条都在发射紧急信号。传统的待办清单事无巨细，通常很长，有些内容还可能已经过时了。这么多任务都在发出行动的召唤，反而成了无法承受的压力，令人不堪重负、寸步难行。

　　显著提高生产力的办法是对清单加以限制，最多列 5 项任务，甚至更少一些也无妨。如果有一项重要的任务进来，你必须拿一个原有的任务来交换。交换意味着砍掉它，将来有空间的时候可以再加回来。

　　快捷清单中的任务应当是短小、可行动的。"短小"意味着预期需要的时间不超过一小时。对于清单里的大任务，可以拆成几个较小的子任务。"可行动"意味着要带来结果：完成一份报告、列出报告提纲或者做好会议规划。

　　日复一日，某些看似重要的任务出于某种原因始终在那里。它们注定永远排不上号。这些任务只会带来干扰，不应该出现在快捷清单中。在每天早晨列一份新清单，别用昨天的那份清单。

　　在单核工作法中，快捷清单是必不可少的一环。每天早晨，你都要写下最多 5 项短小、可行动的任务。做完一项就删掉一项。在这 5 项任务之外，如果还想添加新任务，原有任务就要被移除。

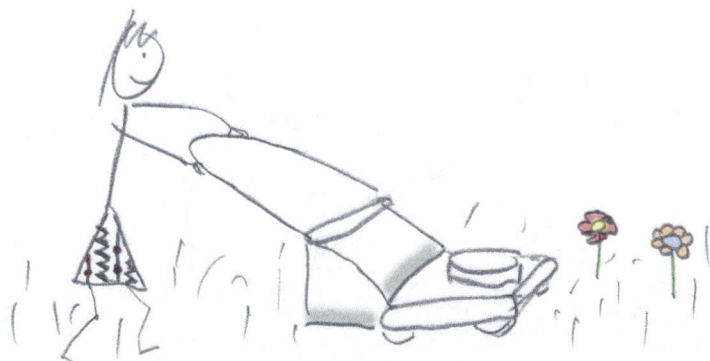

集草器清单

"嘿，能腾出点时间帮我个忙吗？我写了一份报告，想听听其他人的意见。你方便的时候给我看看行吗？"同事丢来一项低优先级任务，你可能会晚一点处理。那么现在应该把这个信息放在哪里呢？

这些不会立即采取行动的任务，有点像在草坪割草时，集草器收进去的蒲公英、青草和其他杂草的混合物。它们都被拿去喂兔子；兔子会吃其中的一些，但是不吃另外一些。收集这些任务的地方就是"集草器清单"。[5]

快捷清单有限制，最多只能放今天优先级最高的 5 项任务。集草器清单则完全没有限制，也不排列优先级。你可以时不时添加内容进去。有什么点子就集中放在这里，免得一转身忘了。

集草器清单中的每个任务都有三个属性：目标（当然得有）、利益关系人、进入清单的日期。最后这项属性在清理清单时要用到，列入时间最长的任务必须离开。在优先级竞赛中，如果这项任务总是无法拔得头筹，就说明不该做它。

集草器有一个重要的用途：帮你记住一些现在不能做、但将来会获得高优先处理的任务。然而其中的多数任务都只不过是噪声。它们可能会带来些许价值，但不足以在优先级竞赛中胜出。

除草

快捷清单最多只能包含当前最重要的 5 项任务，不过单核工作法还提供了集草器清单与之配合。目前不够资格进入快捷清单的任务就先放在集草器清单中。然而总有一天，集草器清单也会变得太长。

"除草"是指有计划地对集草器清单中的任务进行删除。要保持集草器清单的可读、及时、可靠，必须进行除草。否则的话，这份无穷无尽的清单早晚会被我们忽视掉，忘记了曾经还想过要做这些事情。

除草工作需要每周进行一次，也可以在集草器清单太长的时候做。把最多 5 项任务复制到一张新的集草器清单里，撕掉旧清单。选择标准是重要程度。保留最重要的而不是最紧急的任务，将其放入新清单。

你可能还记得集草器清单条目的三个属性：目标、利益关系人、进入清单的日期。从日期上可以看出，那些看上去超级重要但是长期滞留在这儿的任务有可能没那么重要。

在一周时间里，我们可以无限制地把一项又一项任务放入集草器清单。不过每周要进行一次除草，给清单腾出可用空间。借此机会看看本周目的与集草器清单是否匹配，也是极好的。

硬时间和软时间

　　在园林管理领域，软景观（softscape）指带有生命的元素，例如花圃、花园、树木；而无生命材料构成的景观则称为硬景观（hardscape），例如石头、车道、墙壁。园林设计的杰作就是追求硬景观和软景观的和谐。

　　在单核工作法生产力系统中，硬时间任务是"一定要在特定时间内执行"的。它们通常涉及外部承诺，例如会议、约谈、活动。硬时间任务必须安排在日程表中，以免忘记。

　　与之相对，可以"自己决定什么时间执行"的则称为软时间任务。某些软时间任务会重复出现，可以把它们写在日程表中；而如果是只做一次的软时间任务，就应该放入快捷清单或集草器清单，在你的可支配时间里执行。

　　如果你决定在每周三清理办公桌，这就是一项重复性任务。它不涉及外部承诺，如果这回推迟到周四，也不需要告诉任何人。这样的重复性软时间任务仍然可以安排在日程表中。

　　但是把一次性的软时间任务安排在日程表中就有点悬。一旦有更重要的事情出现，就会打乱全盘计划。因此不要在日程表上安排这类任务，你要做的是安排好可支配时间。这样可以避免计划赶不上变化，让优先级排序与时俱进。

可支配时间的稀缺

在工作中，我们的时间分为可支配的和不可支配的，[6] 它们合起来占据了 100% 的工作时间。对多数白领来说，可支配时间和不可支配时间都存在。我们需要在两者之间取得平衡，不可偏废。

在可支配时间里，我们可以自己选择做什么事。典型情况是坐在工位上，选择一项任务开始执行。在公司交托的责任范围内，我们有权管理这些时间。"个人生产力"针对的是可支配时间。

不可支配时间（有时称为"受支配时间"[7]）是被锁定的，我们无法控制在其中做什么事。这包括开会时间、午餐时间或者为他人提供服务的时间。如果在基层客服岗位工作，你的时间可能全都是不可支配时间。

平衡失调的一种症状表现是，你所负责的任务进展没有达到你自己和其他人期待的速度。在这种情况下有两个选择：要么通过协商缩小你的责任范围，要么增加并保护你的可支配时间。

不可支配时间通常适合安排在日程表中，可支配时间也可以。尽量在日程表中划出成块的可支配时间，不要预先决定这些时间用来做什么。这些是未预约时间，留待分配。

单核工作法的工具

本书尽量对工具的使用采取不可知论。我的建议是选取最简单、最容易找到的工具，以"用得上"为标准。开始时保持简单，确实遇到工具限制时再进行扩展——没必要提前扩展。应当考虑一些更普适的问题，下面简要介绍。

要配合单核工作法，很容易找到功能丰富的生产力应用程序。它们可以在线记录快捷清单，随时随地访问。不过另一方面，纸笔有更大的自由度。你可以根据需要，随时在清单中引入新的符号和规则。

吉姆·本森把自己亲力亲为的一套方法叫作个人看板（Personal Kanban）。他从精益生产的原则中获得灵感，用即时贴把任务从左到右排列在实体白板上。对照单核工作法的词汇，我们的快捷清单相当于他的"工作存单"，并且把"处理中的工作"限制为一项。[8]

不幸的是，使用多份清单总是会打乱全部的优先级排序。"快捷清单甲"现在比"快捷清单乙"更重要吗？即便如此，戴维·艾伦还是建议用多个清单分别关联各自的情景主题：或者与工具相关，或者与地点相关，或者与完成任务所需的状态相关。[9]

最常规的建议是：小车不倒只管推。如果没有遇到瓶颈，就不要更改工具。我们只需要一个地方来记下最多 5 项任务的名字，这就是快捷清单。我们还需要用最简便的方式删除、添加任务。类似"长期储存"和"广泛传播"的功能没什么用。

健康的邮件摄入量

　　放了一周的假回来，你发现收件箱里有 687 封新邮件。这里面肯定有重要内容，但如何才能在纷杂的信息中把它们找出来呢？你必须重新负起责任，亲自管理进入收件箱的信息流。最好用手动收取邮件的方式代替邮件推送通知。

　　首先，取消订阅那些一个月都没读过的邮件列表，对商业公司的新闻邮件也如法炮制。如果觉得心里没底，你可以每周固定安排一个时间，通过访问网址来阅读这些邮件列表的网页归档。

　　如果没有个人邮箱，那就注册一个。绝对不要用工作邮箱来注册社交媒体或其他与专业工作无关的服务。这样做有个好处：工作邮箱收到的垃圾邮件数量会大大减少。

　　在电子邮件客户端软件里进行设置，自动把协同工作系统发来的消息归类到与来源名字相同的邮件夹中。同时在协同工作系统中进行设置，只收取与自己相关的内容，越少越好。

　　研究发现，如果中断工作去阅读电子邮件，回来后要重新达到之前的工作状态，所花费的时间超过一分钟。[10] 大概算算，每天少收 10 封邮件的话，每年可以省出一个工作周的时间。（假设阅读每封邮件需要 1 分钟，则按每年 260 个工作日计算，共可节省约 43 小时。）

收件箱是厨房水槽还是书架

你怎么管理电子邮件收件箱？是像管理厨房水槽还是像管理书架？问题的答案不仅影响到能否实现收件箱清零（定期处理全部收件箱内容的习惯[11]），还决定了把你置于一种怎样的模式中：认知疲惫或认知警觉。

买来一本新书，读完之后要把它放入书架。不巧的是，书架已经满满当当。你的目光在成排书脊上扫过，随意拿下一本书，给新书腾出空间。书架的顺序乱了。这种情景熟悉吗？有可能。

厨房水槽盛满了剩菜和塑料包装袋。你瞥了一眼，有条理地决定只挑黄瓜扔掉，其他的还留在那里，保持乱糟糟的状态不变。你会这样收拾东西吗？肯定不会。

理解、决策、回想、记忆、抑制这五个功能是意识思维的主要组成部分。它们消耗大量的葡萄糖和氧气，过度使用会让人疲惫不堪。[12]像管理书架一样管理收件箱，要依赖全部五个功能。

厨房水槽的清理是以全部清空为标准的。任何一封电子邮件都必须删除、归档或者放入待办邮件夹。收件箱清零不等于一直盯着这件事，与清空厨房水槽的工作类似，一天处理两三次即可。

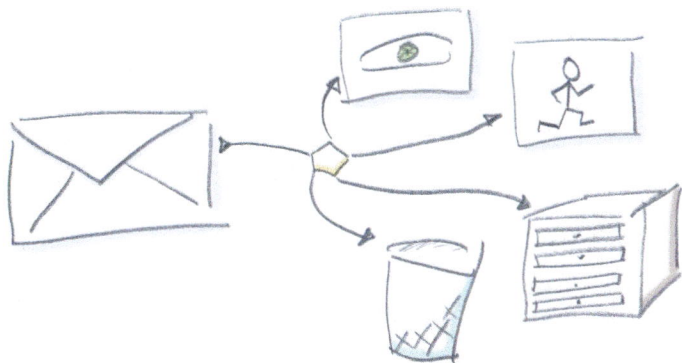

全部清空

电子邮件客户端、短信应用程序都是收件箱，它们接收电子消息。物理信箱也是收件箱，它接收纸质邮件。我们的记忆也是一个收件箱，它产生新想法。可以把收件箱想象为一家公司的前台接待处。

接待员为来访者进行系统登记，但不负责解决来访者的问题。她也会帮助那些误打误撞走错门的人。在等候接待员登记期间，来访者只能在缓冲区止步。如果不能登记进来，再大的事也办不了。

可以用几个不同类型的桶来归纳消息。不管你的收件箱是记忆、电子消息客户端还是物理信箱，这种方式都适用。显然，这几个桶里包括"垃圾桶"，可以把将来不可能用到的消息扔进去。

里面还应该有一个"优先级待定桶"（即集草器），用来存放可能会做的任务。此外，还要有一个"监视器桶"，帮你记住哪些事情需要等待别人的处理结果。最后是一个"归档桶"，用来存放与行动无关的重要消息。

粗略阅读并把电子邮件标为"未读"不算清空，相反，这等于要花两倍的精力来阅读和理解这封邮件。[13] "全部清空"策略是要把全部消息移到你的个人系统中，进行排列优先级、监视和归档。

选择性阅读

　　办公室里最令人上火的事物之一，就是堆积如山的图书、杂志、电子邮件和其他需要阅读的材料。[14] 速读世界冠军安妮·琼斯用 47 分钟读完了《哈利·波特》。然而如果无法领会重点，速度加倍只会更浪费我们的时间。

　　速读方法教我们如何移动目光，覆盖阅读句子，每一行从第二个词开始读，等等。它说得再好，也是以牺牲精确度来换速度的。想更好地理解内容，就必须放慢速度。[15]

　　詹姆斯·麦凯提出过一个有意思的问题：想不想拥有一分钟阅读 5 万个词的能力？你全部要做的是，在一分钟内识别出这篇 5 万词的文章并不符合你的需要，决定不去读它。[16] 选择性阅读要做的第一步很简单：去掉不读的东西。

　　一开始阅读就要找重点。首先仔细阅读目录；接着阅读最感兴趣的 3 章的摘要；然后选择这 3 章之一，查看其中的思想路标，例如标题、重点清单、图表和其他视觉化信息。[17]

　　最后阅读感兴趣的段落，划出能抓住作者主要想法的句子，在页边空白处记下你的见解。反复使用这套步骤，阅读其他章节，直到觉得继续读下去的价值不高为止。然后就可以转向阅读其他更有用的书了。

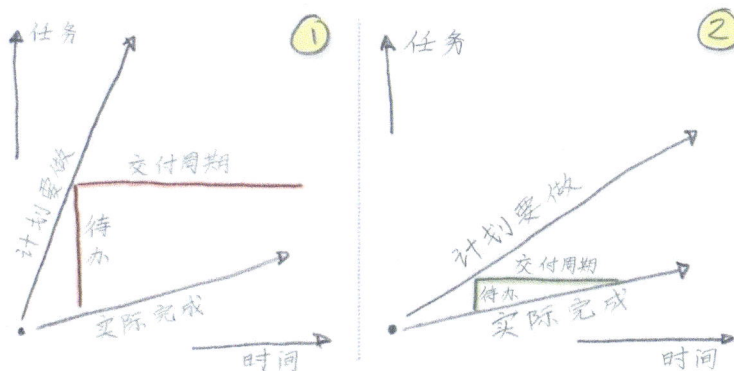

限制任务清单的容量

利特尔法则（Little's Law）称，计划要做的任务越多，平均完成每项任务所要花费的时间就越多。事情明摆着，在日理万机的情况下，如果最重要的新任务意外出现，就需要花很长的时间来排队，直到我们能够抽出时间处理它们为止。

"交付周期"指的是这样一段时间：从一项新任务被写在待办清单上的时刻开始，到你交付工作成果的时刻结束。清单上的任务数量与交付周期成正比。任务越多，它们在待办清单上停留的时间就越长。

这一理论由艾伦·科巴姆在 1954 年提出，[18] 并于 1961 年经约翰·利特尔证实，[19] 因此被称为利特尔法则。但你不需要成为数学家才能发现利特尔法则的正确性。上面的两幅图表分别显示了待办清单中任务数量较多和较少时的情况。

对明天来讲最重要的任务，你在今天可能完全预料不到。优先级是会变的，负责任的态度是拥抱变化。为了能够处理突发的重要任务，优先级排序必须具有灵活性。要做到灵活排列优先级，待办清单中的任务数量就不能太多。

在单核工作法中，待办清单包括快捷清单和集草器清单。快捷清单始终不能超过 5 项任务。集草器清单可以增长，可以随时添加新出现的想法，但每周的除草活动要把它的长度恢复到 5 项以内。

有效的"不"

我的客户迈克尔年纪不大，是一位满怀热情的知识工人。他说他遇到了点难处。他本来想让经理对他有个好印象，结果却不堪重负——要应对的需求太多，结果什么都完不成。很容易看出，迈克尔在说"不"上出了问题。

口是心非，害人害己。你口头的答应，也只能让"不"字造成的不愉快来得晚一点；而对方听你说了"是"，就吃下了错误期待的定心丸，以为你能完成任务。

要揽起这项新需求，就要被迫放弃哪些事情？如果说了"是"，就必须删掉日程表上的几件事。在想象中掂量一下，看看哪些会被删掉。

如果几项冲突的需求是出自同一个人，你应该把他拉进来，一起排列优先级。我们觉得迈克尔应该告诉经理："您最新这件事比不久前那件事更优先，是吗？如果是，那我很乐意切换到新任务。"

身为单核工作者，要知道顶级优先级只能分给单独一项任务。一个模糊的"是"无法守住防线，早晚还得撤退。既然说了"是"，就一定要做到。单核工作法不仅要求灵活排序优先级，还要求有足够的透明度。

选择退出的条件

有其他很多任务的重要性上升了，超过了你正在做的任务。显而易见，这个理由足够让你去掉清单里的一项任务，即使它还没有完成。

另一个可能的理由是，你对某项任务的投入产出比进行估算，发现结果不如先前的预期好。在任务进行到一半的时候，你意识到它要花费超出预想的时间，或者无法带来之前期待的好处。

在选择退出之前，你要问自己三个问题。[20]

(1) 我这是慌不择路吗？

与其做出情绪化的决定，不如预先设定选择退出的条件。例如：我给这个工程两天时间，看看能做到什么程度。

(2) 我试图影响的人是谁？

如果你的经理对这件事的结果不感兴趣，那么退出就是合理的选择。如果要影响一群人，着眼点就不一样了。在退出之前多想想，是不是有其他利益关系人还在等你出结果。

(3) 我所取得的进展大吗？

有些时候，选择退出是很难受的。然而，坚持一件事但没有进展，却是劳而无功。这时候你需要有"叫停"的勇气。

优雅地选择退出

　　一项任务可能很重要，但它不一定属于最重要的任务之列。在每天都有新任务出现的情况下，较次要的任务永远抢不到顶级优先的位置。那么这项任务的利益关系人就倒霉了，他还一心等着结果呢。

　　如果不打算履行之前的承诺，就应该通知利益关系人，这样有益无害。只要他一直以为你会做这件事，就会一天天无休止地打扰你，向你要进度报告。

　　你越快把"撂挑子"的消息发给对方，对双方的好处就越多。永远别拿"没时间"当理由，应该告诉对方，你只是有更优先的事情要做，而你希望大家了解你的优先级安排，便于各方妥善安排工作。

　　你不需要证明这项任务不重要，也不用告诉对方更优先的事情是什么。对利益关系人来说，他关心的只是你不会做这项任务了。然而有可能的话，你也可以推荐完成工作的适当人选，或者提供一种变通的解决方案。

　　服务生效应 [21] 告诉我们，积压的未完成任务会耗费能量和注意力。把你选择退出的决定通知所有的利益关系人，是将这项任务赶出脑海的一个办法。一个对优先级排序保持透明的人也会获得更多尊重。君子坦荡荡。

日历与任务清单

接下来应该选择哪项任务？我们不想那么费脑子，每次都把所有的潜在选项挨个过一遍；但也不想依赖于过期的优先级排序，因为可能发生了什么事情让优先级改变了。

待办清单如果太长，优先级就不清楚。"绿－绿－红现象"[22]是指在很长的一段时间里一切看上去运转正常所造成的错觉。既然所有的重要任务都列在清单上，我们就自以为做的都对；谁知突然出了状况，红灯大作，只是因为某些事情我们忘了及时处理。

可以把所有任务都安排到日历里，让各项工作在最适当的时间抓住我们的注意力吗？很遗憾，不行。新任务总是出人意料。某些任务花费的时间超过预期。即使最轻微的日程表混乱也会让整个系统崩溃。[23]

一套灵活的优先级排序系统应该能够轻松适应环境的意外变化。另外，还应该有一份完整易读的描述，表明我们现在认为最重要的是什么。我们既不想使用过期的优先级排序，也不想让一点灵活性搞得天下大乱。

单核工作法提供的方法是快捷清单。它短小、精简，而且更新及时，存放着最重要的任务（最多 5 项）。在工作中，我们一次一项地对这些软时间任务进行处理，可以使用没有日程安排的时间，也可以使用刻意划分出来的可支配时间。

委托

委托别人做并不意味着自己无事一身轻。想得到合格的成果，你必须准备好随时提供支持。这是因为减少了一些控制，风险因素也增加了。如果事情出错不影响大局，委托可以提高效率，同样也会带来成效。要把重点放在取得成效，而不是照章办事上。

专业化程度越高、任务的重要性越低、工作量增长的可能性越大，就越值得考虑找一位同事来帮你。你还必须检查她是否得到了授权，是否足够投入，是否可靠。最后还要接受一个事实：得到的成果不会完全符合你自己的方式。

确保同事理解你想要的是什么。要让她知道，你真心信任她有能力完成这个任务。解释任务的目的，而不是完成它的方法。要投入地工作，她必须有行动的自由度。

委托并不能减少你的责任。在不久的将来安排一次同步会议，这事关成败。要定义好到那时能达到的最小进展是什么。眼见为实，在总体时间经过 10%~25% 之后，有形的进展可以帮你看清她的速度和方向。

如果你的同事在第一次同步会议上拿不出实在的成果，询问她有没有投入进来。发现时间或能力不足的事实，转而找到正确的人，是避免赔了夫人又折兵的关键。可以考虑立即取消这项委托。

关键的少数，有用的多数

约瑟夫·朱兰在 1937 年提出了 80/20 法则的概念，有时也称为帕累托原理（Pareto Principle）。[24] 它的内容是：小部分因素会产生大部分效果。在我们的任务中，80% 或多或少有用，但只有 20% 是至关重要的。关键的少数任务创造了几乎全部的价值。

成就过人的投资家沃伦·巴菲特曾经指导他的飞机师迈克·弗林特写下自己职业生涯的 25 大目标。弗林特写完后，巴菲特让他圈出最重要的 5 条，而把其他 20 条归入"不惜代价避免"的一列。注意，刻意避免不等于容后再办。

把有价值的任务都拿来做不行吗？不行。假设今天完成了最重要的 5 项，剩下 20 项，到明天很可能又有至少 5 项新任务，而这 5 项新任务可能比头天剩的 20 项更重要。有些事反正不会去做，留着又有什么用呢？

服务生效应给我们的启示是：未完成的任务会索取我们的注意力。[25] 它们会影响我们对少数关键任务的专注，难以投入做最重要的 5 件事。更糟糕的是，我们可能还在为那些可有可无的任务花功夫，而原因仅仅是为了让利益关系人满意，或者找一些让自己心安理得的慰藉。

除草的方法可以用于丢弃那些内心深知永远不会完成的任务。每周一次，把集草器清单里最重要的 5 项任务复制到一份全新的清单里。对于其余那些任务，通知所有的利益关系人：我们不打算做，因为它们的优先级不够高。

精要主义

如果我们更懂得如何选择，是不是就能表现得更好？与其热切地想要跟上潮流抓住每个机会，不如选择专注在真正要紧的事情上。

格雷戈·麦吉沃恩在著作《精要主义》[26] 里告诉我们，首先必须理解以下三个事实。

※ 个人的选择：我们可以自己选择把注意力投入何处，也可以自己选择把时间花在哪里。说"不"可能很难，但我们得知道自己有这个力量。

※ 噪声的存在：几乎所有的事情都是噪声，只有极个别的事情是无价之宝。我们只有努力找出最重要的事情，才能避免被噪声毒害。

※ 权衡与取舍：既然不能把所有事都做了，我们就得选择退出一些优先级不高的事情，即使它们看上去很有趣。

精要主义不仅仅是通过做得更少来实现更多。它既关乎数量，也同样关乎质量。通过专注在最重要的事情上，我们可以尽可能地取得最佳成果。做得更少，但要做得更好。

这一点在单核工作法系统中事关成败。好看又好玩的事情太多，我们做不到雨露均沾。认准精要所在，咬定青山不放松才是前进之道。

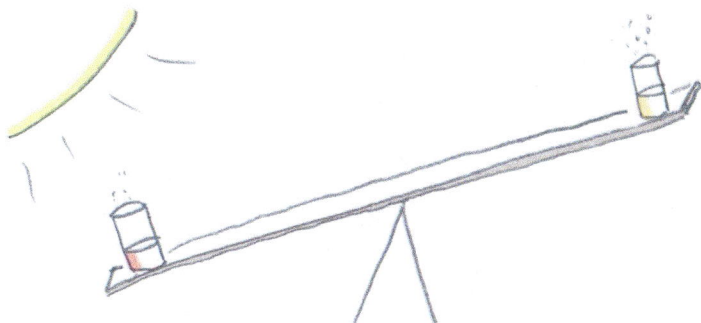

动态优先级三法则

动态优先级三法则告诉我们，"优先级"和"生产力"在不同情况下是如何变化的。

首先要明确的是，如果你对很多事情来者不拒、照单全收，那就说明这些任务的优先级是相同的，你觉得可以按任意顺序完成。一份待办清单，不光是列出你的所有承诺，还应当按照重要程度分出先后，这才是排列优先级的目的。

(1) 你既不能创造也不能摧毁优先级，只能将它从一项任务转给另一项任务。当你升高一项任务的优先级时，就自动降低了其他所有任务的优先级。

(2) 之前做好优先级排序的待办清单，它的价值会随着时间递减。如果做不到与时俱进地定期重新排列优先级，你的计划注定会成为一个空架子。

(3) 想要在同一时间做所有事与什么都不做的结果是一样的：你什么事都完成不了。单核工作，生产力最高。

削减待办任务：小结

问：使用快捷清单的最大好处是？

答：在 5 项任务的限制下，只能列出当前最重要的任务，这就把那些现在不能做或不该做的任务与我们隔离开了。任务数量精简后，才有可能从直觉出发进行优先级排序。在全景模式下，选择快捷清单上最重要的任务，在它旁边标一个小"×"，然后进入单核时段，单单专注于这一项任务。

问：集草器和除草是怎么回事？

答：如果有些任务和想法目前还不够资格进入快捷清单，就可以放入"集草器清单"。这个清单没有顺序、没有限制。每周换一张新的集草器清单，这个步骤称为"除草"：选出最重要的事情（仅限 5 项）从旧清单抄到新清单中，然后把旧的那张投入碎纸机。

问：我理解 80/20 法则——80% 的任务或多或少有用，但只有 20% 是至关重要的。我能够有所作为，大都是后者的功劳。但把"有用的多数"保留在待办清单里有什么不好吗？

答：非常不好。"有用的多数"很可能是你永远完不成的。等你完成了"关键的少数"之后，新的关键少数又会出现。"有用的多数"就变成了噪声，留着它们没有任何用处，只会扰乱你的注意力。服务生效应告诉我们，削减待办清单可以保护我们的思维，避免无关想法的干扰。

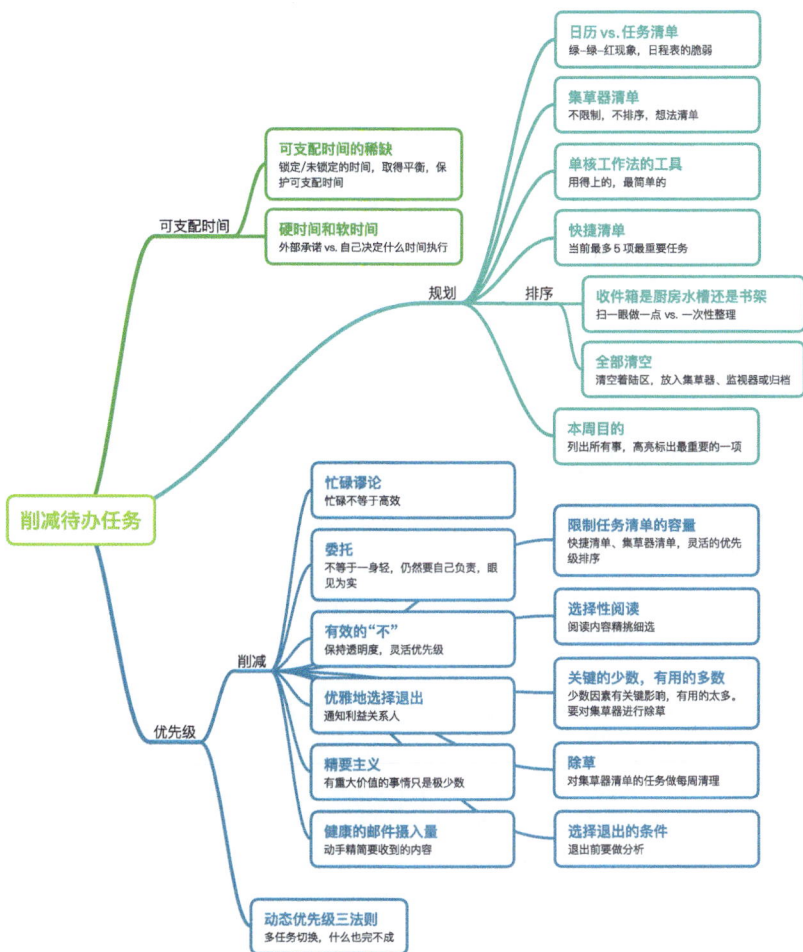

削减待办任务

可支配时间

可支配时间的稀缺
锁定/未锁定的时间，取得平衡，保护可支配时间

硬时间和软时间
外部承诺 vs. 自己决定什么时间执行

规划

排序

日历 vs.任务清单
绿–绿–红现象，日程表的脆弱

集草器清单
不限制，不排序，想法清单

单核工作法的工具
用得上的，最简单的

快捷清单
当前最多5项最重要任务

收件箱是厨房水槽还是书架
扫一眼做一点 vs. 一次性整理

全部清空
清空着陆区，放入集草器、监视器或归档

本周目的
列出所有事，高亮标出最重要的一项

优先级

削减

忙碌谬论
忙碌不等于高效

委托
不等于一身轻，仍然要自己负责，眼见为实

有效的"不"
保持透明度，灵活优先级

优雅地选择退出
通知利益关系人

精要主义
有重大价值的事情只是极少数

健康的邮件摄入量
动手精简要收到的内容

限制任务清单的容量
快捷清单、集草器清单、灵活的优先级排序

选择性阅读
阅读内容精挑细选

关键的少数，有用的多数
少数因素有关键影响，有用的太多。要对集草器进行除草

除草
对集草器清单的任务做每周清理

选择退出的条件
退出前要做分析

动态优先级三法则
多任务切换，什么也完不成

注释

[1] DeVoe S. E., House J. "Time, money, and happiness: How does putting a price on time affect our ability to smell the roses?", *Journal of Experimental Social Psychology*, 48(2), 2012.

[2] 蒂莫西·费里斯,《每周工作 4 小时》, 湖南文艺出版社, 2008。

[3] Kreider T. *We Learn Nothing: Essays and Cartoons*, Simon and Schuster, 2012.

[4] Pink, D. H. *Drive: The Surprising Truth About What Motivates Us*, Riverhead Books, 2009.

[5] Hobbs, C. R. *Time Power*, Harper & Row, 1987.

[6] Forster, M. *Secrets of Productive People: 50 Techniques To Get Things Done: Teach Yourself*, Hachette UK, 2015.

[7] Oncken Jr, W., and Wass, D. L. "Management Time: Who's Got the Monkey?", *Harvard Business Review*, November–December Issue, 1974.

[8] Benson, J., DeMaria Barry, T. *Personal Kanban: Mapping Work, Navigating Life*, Modus Cooperandi Press, 2011.

[9] 戴维·艾伦,《搞定 I : 无压工作的艺术》, 中信出版集团, 2016。

[10] Jackson, T. W., Dawson, R. J. and Wilson, D. "Evaluating the Effect of Email Interruptions Within the Workplace", Conference on Empirical Assessment in Software Engineering, Keele University, April 2002.

[11] 加尔·雷纳德,《演说之禅:职场必知的幻灯片秘技》, 电子工业出版社, 2013。

[12] Rock, D. *Your Brain at Work: Strategies for Overcoming Distraction, Regaining Focus, and Working Smarter All Day Long*, Harper Collins, 2009.

[13] Rock, D. *Your Brain at Work: Strategies for Overcoming Distraction, Regaining Focus, and Working Smarter All Day Long*, Harper Collins, 2009.

[14] Winston, S. *The Organized Executive: New Ways to Manage Time, Paper, and People*, Norton, 1983.

[15] Rayner, K., Schotter, E. R., Masson, M. E. J. et al. "So Much to Read, So Little Time: How Do We Read, and Can Speed Reading Help?", *Psychological Science in the Public Interest*, 17(1), 2016.

[16] McCay, J.T. *The Management of Time*, Prentice-Hall, 1959.

[17] Cooper, J. D. *How To Get More Done In Less Time*, Doubleday, 1962.

[18] Cobham, A. "Priority Assignment in Waiting Line Problems", *Journal of the Operations Research Society of America*, 2(1),1954.

[19] Little, J. D. C. "A Proof for the Queuing Formula: $L = \lambda W$", *Operations Research*, 9(3), 1961.

[20] Godin, S. *The Dip: A Little Book that Teaches You when to Quit (and when to Stick)*, Portfolio, 2007.

[21] Zeigarnik, B. "Das Behalten erledigter und unerledigter Handlungen", *Psychologische Forschung*, 9, 1927.

[22] Gonzalez-Rivas, G., Larsson, L. *Far from the Factory: Lean for the Information Age*, CRC Press, 2010.

[23] Markovitz, D. *A Factory of One: Applying Lean Principles to Banish Waste and Improve Your Personal Performance*, CRC Press, 2011.

[24] Stephens, K.S. *Juran, Quality, and a Century of Improvement*, ASQ Quality Press, 2005.

[25] Zeigarnik, B. "Das Behalten erledigter und unerledigter Handlungen", *Psychologische Forschung*, 9, 1927.

[26] 格雷戈·麦吉沃恩,《精要主义》, 浙江人民出版社, 2016。

第2章
现在专注一件事

假如我们设定了一项优先任务并开始着手处理，这时候想同时关注几件事是没有任何好处的。无论是你自己选择了第二任务，还是被其他人打断，都是如此。任务切换会给工作表现带来灾难性的影响。

我们必须拿回属于自己的时间。我们的工作环境和头脑思绪都需要清理，不能被可选任务和其他元素干扰。我们专注的应该是专注本身。对于其他人需要帮助的情况，也应该有方法来有效管理，避免影响我们的步伐。

本章提供了一些实用方法，例如戒绝通知和志愿者小时，还表明了持续任务切换会带来怎样的严重后果。不要拿很多任务玩抛接球游戏，在同一时间只看最重要的一项，别理其他事。

一分钟：如何做到现在专注一件事？

五项基本概念

※ 多任务的误区误导雇主们到处寻找三头六臂的人才，看谁有同时玩转很多事的本领。我们自以为能多线程处理任务，其实只是在多个任务间切换。任务切换会给手头的工作带来更

多错误，拖慢速度。

※ 单核与全景两种时段帮你建立节奏感。单核工作意味着聚焦放大一项且仅此一项任务；全景总览意味着放眼全局，选择当前最重要的一件事。我们要在这两种模式间互相切换。

※ 戒绝通知的方法要求在单核工作期间关掉你能听到和看到的通知提醒。看一眼电子邮件之后要重新达到之前的工作状态，所花费的时间超过一分钟。[1] 自动推送的通知消息会引发服务生效应的负面作用，妨碍我们对有价值任务的专注。[2]

※ 志愿者小时是应对中断的一个实用策略。如果同事在上午找你讨论问题，可以引导他的需求，安排一次下午的会议。这样你就有继续工作的余地，也能为同事的问题提前做准备。

※ 时间压力是自己给自己的。别人可能会说他的事情比较急，但时间压力是我们的内部事务。使用单核工作法，不用担心自己没有尽力，因为我们已将重要的任务排在紧急的任务之前。

问卷

在开始脑力激荡之前，先找出你在现阶段工作当中经常遇到的"时间杀手"，给它们打钩。

❑ 任务间切换　　　　　❑ 会议取消

❑ 不速之客　　　　　　❑ 利益关系人不在场

❑ 例会　　　　　　　　❑ 出差旅行

❑ 模棱两可的核对单　　❑ 视频会议设备不好用

❑ 智能手机消息通知　　❑ 相互矛盾的指令

❑ 休息太少　　　　　　❑ 墙头草决策

❑ 随便打来的电话　　　❑ 追求完美

❑ 每天的事务性工作　　❑ 责任太大，权力太小

❑ 太多人一起抠细节　　❑ 外包方不了解情况

❑ 信息给错了人　　　　❑ 全员参与

黄瓜和洋蓟在马戏团相遇

黄瓜：今天怎么样？

洋蓟：好着呢。我能抛接那么多个球，超开心。我们经理惊呆了。

黄瓜：你完成了什么事吗？

洋蓟：很遗憾，没有。我一直忙着抛接球，从一个会议跑到另一个会议，但是没有真正做出任何东西。这点是不太好。

黄瓜：你知道斑马为什么有条纹吗？

洋蓟：不知道。我猜可能是保护色？

黄瓜：斑马的条纹可以扰乱狮子。单匹斑马的条纹混合在周围一大群斑马中间，狮子很难从里面挑出任何一匹斑马，也就没法制定攻击计划。狮子甚至搞不懂斑马在朝哪个方向跑。捕食者眼里看到的不是猎物，而是很多条纹。成百上千的道道儿在它周围移动，完全没规律。

洋蓟：所以呢？

黄瓜：把这些斑马想象成你的待办任务，而你是狮子。狮子应该一次盯紧一匹斑马。你手头处理的工作绝不能按一群斑马的数量算。怎么让自己不白忙？就看你能不能把单匹斑马从一群里挑出来。进一步说，要完成最重要的任务、实现效率最大化，你必须从斑马群里选出正确的那一匹。

洋蓟：意思是说，我应该只抛接一个球，不管其他的？

黄瓜：完全正确。

工作记忆容量

乔治·米勒在 1956 年提出，常人的工作记忆能保存的对象数量在 7 个左右。[3] 一个对象可以是一组成块的数据。例如要记住 0123456789 这个序列很容易，即使它包含 10 个数字。

2001 年，尼尔森·科文校订了这个魔术数字，认为同时处于可存取状态的记忆区为 3 块。[4] 同年，布莱恩·迈克艾瑞提出，我们能管理的注意力聚焦单元只有一个。[5] 注意力是指处理状态，而工作记忆是指可存取状态。

如果把工作记忆想象成一本很小的便笺簿，那么单核工作对于取得成果的必要性就很明显了。如果你正在解决问题，但被另一项插进来的任务打断了，那么这本便笺簿上的所有内容都会被擦掉。

时不时地查看收件箱是毁掉生产力的一个有效方法。[6] 影响成败的另一个关键是，是否把单核时段和全景时段区分开来。进行任务优先级排序要花费大量精力，不能在处理任务的同时做这件事。

思考的时候拿支铅笔 [7] 是一个很棒的技巧，可以补充工作记忆的不足。思维导图（mind map）看似简单，却能做到同时维护多个想法。在被打断而分心的时候，它也会帮你快速回到思考状态。

多任务的误区

　　"能同时处理多项任务"曾一度经常出现在招聘启事的岗位要求里。同时玩转多个任务效率更高，不是吗？当然不是！人类的多任务处理能力是一个误区、一个谬论。这种能力根本不存在。在未来，"单任务处理"很可能成为最受青睐的才能。本该如此。

　　研究表明，我们无法处理多任务。大脑没有能力注意一件以上的事情。[8] 我们自以为能多线程处理任务，其实只是不断地在任务间切换。这样做让人自我感觉良好，在别人眼中也会显得很能干；其实不然。

　　任务切换会给手头的工作带来更多错误，拖慢速度。[9] 我们的表现变差了。做一件事，打断，再做另一件事，然后跳回来——这是在消灭生产力。每次任务切换都要消耗时间，消耗精力。

　　诺贝尔奖获得者赫伯特·西蒙写道，人类事务的运作大都以序列的方式进行。他甚至表示，一项任务的要求越高，我们越是心无旁骛。[10] 要让生产力最大化，必须选取最重要的任务，并且阻止所有其他任务。

　　彼得·德鲁克揭示了取得成效的一大秘诀：专注。要事第一，一次只做一件事。[11] 使用单核工作法，我们在全景模式选择一项任务，然后进入单核模式，在有限的时间里投入全部的精力专注于这一项任务。

$$10-12-7-19-14-8-17$$

任务切换的代价

亚瑟·杰西尔德早在 1927 年就做过一项有趣的研究，当时智能手机、电脑、电视都还没出现。在实验中，他要求第一组参与者遍历类似上图的一组数字，并把每个数字减去 3，同时对他们进行计时。

第二组参与者也要遍历同样的数字序列，但是这次的任务有所不同，变成每隔一个数字加上 6，而其余数字减去 3。当然，这次用的时间大大增加了。显而易见的原因就是任务切换。[12]

自那以后，"切换任务要付出代价"的事实被测试和证明了很多次。研究发现，切换到的任务越复杂，消耗的时间就越多。如果切换到不熟悉的任务，耗时也会增加。[13]

任务切换的代价有多大？对此很难确切估计。然而大量无可争议的事实已经足够让我们明白，减少任务切换可以提高生产力。

这不仅是浪费时间的问题，还因为每次切换任务都必须清空工作记忆，让我们很容易忘记做过的事情。本来有了灵机一动解决问题的点子，可能就此一去不回。最糟糕的情况是，我们连之前专注的任务都想不起来了。

注意力类型

在我们周围，听觉、视觉和其他刺激无休无止，防不胜防。大脑可以处理收到的信息，但不能保存所有的信息。注意力是大脑的一项机能，用来把处理能力集中起来。注意力既受我们的意愿控制，也会被噪声刺激影响。

以下是五种不同的注意力类型，难度依次升高。[14]

(1) 集中性注意力：能够留意到周围环境中的声音或其他事件。

(2) 持续性注意力：专心处理一项且仅此一项任务，例如给客户写一封电子邮件。

(3) 选择性注意力：控制自己在一项任务上保持专注，不受无关想法和周围事情的影响。

(4) 转换性注意力：在两项相关的事情上快速切换任务，例如一边在课堂上听讲，一边对感兴趣的内容做笔记。

(5) 分散性注意力：同时做两件事，也叫多任务处理。想要成功做到的话，其中必须包括一项自动任务，例如走路。如果真的试图专注于两件无关的事情，等于还是在任务间转换。[15]

单核工作法只讲求第三种注意力。要完成更多事，最容易的方法就是在一段时间内保持专注在单个任务上，也就是保持所谓的选择性注意力。

恶性反馈循环

"人类的多任务处理怎么就是误区了？我见过有人一边走路一边嚼口香糖啊！"好吧，至少是无法对两件事同时投入全部注意力。我们可能以为自己行，但实际上只是在快速进行任务切换；而这种切换会以牺牲认知度为代价。

大脑资源只要一受干扰，效率就会下降。行为研究显示，在开车的同时处理第二任务，例如用手机打电话，会影响驾驶表现。[16]

不幸的是，大脑鼓励我们进行任务切换。每次我们完成一件小任务，例如回复了一封电子邮件或者检查了一下社交媒体更新，大脑都会送出一份奖励性的荷尔蒙多巴胺。小小的成就让我们得意洋洋，心满意足。

这个坏习惯是由恶性反馈循环造成的：做一点鸡毛蒜皮的事情，然后获得多巴胺奖励。我们觉得自己已经有所作为，而事实真相是，我们把本应投入最重要任务的专注力浪费掉了。

单核工作法就是用来对抗这种习惯的。首先选择一项任务，明确这个任务是什么；然后设置闹钟到分针的下一个竖直位置，在至少 25 分钟里专注于这项任务。其他一切都不重要，直到闹钟响铃为止。

戒绝通知

假设我们选择了任务 A，它是重中之重。然而当我们试图专心做 A 时，智能手机和电脑却在频频闪、嘀嘀叫。这样的多任务处理不合格。我们想让自己忙碌，想要获得认可，不愿错过任何事情。为此宁愿承受数字化通知无休止的打扰。

丹伍德集团（Danwood Group）进行的一项案例研究发现，要在看一眼电子邮件后重新达到之前的工作状态，所花费的平均时间超过一分钟；而看一眼电子邮件所花的时间大都在 6 秒以内，[17] 甚至比电话铃响三声的时间还要短。

仅仅是怀有对收到新消息的期待，就会让大脑获得自我奖励。应用程序开发商懂得这个道理。服务生效应会迫使我们思考刚刚看到的消息。[18] 我们想高效工作，但应用程序也想要我们的时间。

"保持部分关注"[19] 是低效率的行为，我们会在收到的消息流中切换。任务 A 的确很重要，但那些通知感觉上都很紧急。每次发现新消息，大脑会更相信我们正在有所作为的路上。实际呢？什么产出都没有。

为了让任务 A 取得成果，必须把"推送"变成"手动收取"，由你自己决定什么时候检查收件箱。使用戒绝通知策略，关闭手机和电脑上所有自动推送的通知消息。现在再专心做任务 A，就不需要那么强大的意志力了。

正确执行

拖延症有一个常见的原因，就是心里害怕，担心最终结果不够好。你看不清达到辉煌终点的去路。更糟的是，你甚至连起点都找不到。解决之道是：专注于执行过程，而不是最终结果。

精确射击世界冠军克里斯蒂娜·本格森在训练的时候就忽视得分：一枪接一枪，尽可能打好每一枪，同时用毛巾挡住电子记分牌。[20] 目标是把全部的注意力都放在正确执行上，而不是关注最终得分。

如果忽视最终结果，怎么确保没有浪费时间专注在次要任务上呢？这就要用到全景时段了。排列优先级和专注工作，这两者根本不能同时做到。因此我们在单核时段专注工作，在全景时段排列优先级。

单核工作法是一套渐进优化的方法。不需要板上钉钉地把预想的路线图推演到很远的未来，也不需要细致入微地定义目标，而是确定当前正确的方向，先单核执行一段时间。然后至少每小时评估一次实际成果，调整方向。

选择现在要做的最重要的事情，把闹钟设置到分针的下一个竖直位置（9:00、9:30、10:00，等等），距离现在不短于 25 分钟。暂时忘掉全景，聚焦放大所选任务，专注于执行。

前瞻记忆

本来你提前一周就计划好了，要在妈妈生日这天给她打电话。然而直到生日过去，你才又把这事想起来。我们打算在晚些时候做什么事，就要用到前瞻记忆。它既关乎记忆，也同样关乎规划和任务管理。[21]

在很大一部分航空事故中，虽然飞行员积极而专业，但是他们忘记了遵守操作规程。背后的原因包括：注意力分散，平常对习惯性任务的提醒没有出现，习惯性犯错以及同时处理多任务。[22]

对于会议这类"指定在某个时间执行"的硬时间任务，可以使用外部设备来辅助记忆，例如智能手机的日历和闹钟。对于软时间任务，则必须写到快捷清单或集草器清单上。

如果你正在做一项十分紧要的多步骤任务，就要避免接触多任务。即使我们不会忘记回过头来做这项任务，也有可能错过某一步，影响整个流程的工作。当我们去做其他任务，与本来打算投入注意力的任务失联的时候，就已经为失败埋下了种子。

假如有一项非常重要的突发任务出现，那现在就做，别往后推。如果现在不是做这件事的场合，那就创建一条提醒线索，把它放在容易看见的地方。不要依赖前瞻记忆，这可能很危险。

注意力瞬脱障碍

你正在听老板对下星期的工作任务排兵布阵。这时候身边同事的一支限量版钢笔吸引了你的注意。突然老板问你："你能在这件事上助我们一臂之力吗？"什么事？你完全没跟上他说的话。

大脑对新事件的处理类似于在眨眼的时候看东西。在闭眼的瞬间有看不到东西的风险，大脑在某些时刻也会这样关闭。在处理第一个事件的过程中，我们抓不住新的事件。这被称为注意力瞬脱障碍。[23]

在一项实验中，参与者会看到一系列字母和数字。每秒钟出现10 个新字符，除了一个白色字符外，其余所有字符都是黑色。实验人员要求参与者识别白色字符是什么，还让他们说出是否看到了白色字符后面紧跟着一个黑色的 X。[24]

当 X 紧跟着白色字符出现时，参与者观察到的可能性几乎为零，因为他们的大脑正在处理白色字符，无法接收更多的信息。注意力障碍起了作用。

如果我们一边和邻座同事闲聊，一边留意手机的声音和屏幕提示，一边东张西望看谁去吃午饭，那就没法好好工作。注意力障碍导致我们认识不清，扰乱了决策。

不速之客

担任公司主管的丽丽向我抱怨说，不请自来的客人打断了她的可支配时间。这帮人就是不肯提前预约时间。她不想失礼，但也知道最好别说"我没时间"。她该怎么办呢？

每次有人走进你房间，你要做的第一件事就是立刻站起来，这样能缩短谈话时间。要做的第二件事是真正理解他们的首要需求。他们是来闲聊的吗？他们需要你提供一些信息吗？什么信息？

如果这时候你正在为某件事埋头苦干，忙了超过一个钟头，那么不速之客的到来可能是件好事，能帮你趁机休息一下，恢复精力。除此以外，值得你在当时立即处理的应该只是那些非常简短或者极度紧急的事情。通常的应对可以是预约另外的时间，或者协助来人将需求转到其他部门。

如果你没有对方需要的信息，就告诉他去找正确的人。不要花时间盲目猜测可能的解决方案，因为你们两个都不知道。但如果你确实能帮得上那个人，最好按照你能准备好的时间安排一次会议。

与工作无关的会面是让大家都开心的好办法。相约中午一起吃个饭吧，[25] 你们有大把时间可以聊聊最近热门的新闻、看看出去旅游的照片、讲讲家里新添的小孩。

志愿者小时

　　我的客户莎莎认准了时间盒子的工作方法在她那里行不通，因为下属随时会来打断她。[26] 在她看来，作为公司主管，她扮演各种事情的中枢角色，要随时准备好帮助其他人。就后者来说，她是对的。

　　我尝试让她每天在日历上划出午饭后的一小时，称为志愿者小时。在一天当中，每当同事找她求援的时候，她并不多作分析，而是立刻在下一个志愿者小时里为这个问题安排一次 15~30 分钟的会议。

　　这么一个具体而简单的行动计划，能让她迅速、流畅地从中断中恢复工作。分心的事情出现后，她在单核任务上的工作势头不减。如果这一天没什么人找她，志愿者小时还可以用来做可支配的工作。

　　当然也有例外情况。对于可以不假思索回答的问题，莎莎会立即回答。突发的高风险任务也有较高的优先级，不受志愿者小时策略限制。不过有多少任务是不能推迟几小时的呢？

　　这样过了几周后，莎莎告诉我，志愿者小时策略太管用了。如果有人来电话，提到的事情需要更多的思考和讨论，她也会用同样的办法。附带的好处是服务生效应，[27] 让她可以在潜意识里提前思考这个问题。

有利工作的音乐

对于简单的重复性任务，音乐可以对效率产生正面影响。[28] 然而在当今职场中，重复性的工作不多。要了解音乐的影响，我们必须考虑一些参数，例如曲风、音量、平和度。

如果从事的是认知挑战型任务，选择收听音乐时，我们要么是想刻意盖过身边可识别语音的干扰[29]——尤其是单边的电话交流，它们特别分散注意力；[30] 要么是为了增加一些创意。

既然公认可识别语音会使人分心，似乎更有理由选择没有歌词的音乐。如果让歌词吸引了注意力，用于工作的认知资源就更少了。甚至有研究表明，在听喜欢的音乐类型时，人们的工作表现会更差。[31]

镇静型音乐要比刺激型音乐更有利于工作。[32] 也许我们应该选择大自然的声响，以中等音量播放。一项研究发现，在山间溪流的潺潺水声环绕下，工人的专注能力有所增强。[33]

对于认知活动来说，可能还是安静的环境最能提高生产力。[34] 然而在当今的开放办公场所中，很少有安静的选项。如果要听音乐，你可能得选一些不会调动情绪的、熟悉的纯音乐。

过渡时间

可依每天上下班要花三个小时。经理答应说，如果她能在路上工作，也会给她支付工资。在上班工作和私人思考模式之间转换的这类时间统称为过渡时间，通勤是其中的一种。我和可依为此想了个办法。

如今的职场工作内容大多由书写、阅读和谈话沟通组成。谈话沟通和书写不太适合在路上做，但阅读可以。在你的公文包里始终放上一本非小说类图书，还可以提前看看会议资料，省出现场翻阅的时间。[35]

过渡时间也包括离开办公室前的最后几分钟。如果善加利用，这些时间也会产生极大的影响。在桌上放一张纸条，写明你第二天早晨一开始要做什么。服务生效应会激活你的潜意识，帮你解决相关问题。[36]

过渡时间还包括从早晨起床到出门上班的这段时间。早晨5点是风平浪静的时光，完全没有人打扰。有些人利用这段时间做当天的计划，在日程表中划出可支配时间。[37]

可依还开始利用茶歇、午餐时间来促进工作，并且在开车的时候收听播客。这些习惯让她像是完全换了个人。她因此得到经理的赏识，还升职为了主管！

核对单

核对单已被证明可以非常有效地避免航空事故。人类的记忆力和注意力是不可靠的，无论对于常规任务还是紧急状况都会造成一定的危险。另一个例子是手术安全核对表，它让病人的死亡率降低了将近 50%。[38]

核对单有两种类型："一做一勾"和"一读一做"。[39] "一做一勾"核对单只是为了确认一切顺利，例如确认开出的每张发票是否都收到了付款。"一读一做"核对单有助于完成操作流程，例如如何在早晨关掉办公室的报警系统。

对于那些平时做得不多、还形不成习惯的重复性工作，核对单尤其有用。具体的例子有报税或者设置电脑的某些功能。每次遇到因为犯傻把事情搞砸了的情况，就为相关流程做一个核对单。

保持核对单尽量简单：5~9 步，措辞精确，不说废话。如果操作步骤太复杂，会令人忍不住抄近路，心想这次应该不会有问题。那些必要又难记的信息一定要写清楚，例如服务器地址、电话号码。

核对单可以持续改进。每次执行核对单，如果发现内容有歧义或者漏掉了关键信息，就到了改进的时候。另外，在步骤太多或者完成时间超过 10 分钟的情况下，可以将其拆成几个"全有或全无"的批处理流程。

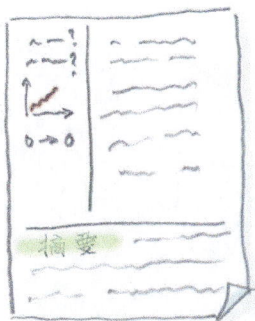

康奈尔笔记法

在一次业务会议上，你接到一项任务。为了满足要求，你埋头苦干。然而，接下来的跟进会议却让你大跌眼镜，他们说你解决的问题不对。你还记得当初接受的任务到底是什么吗？

康奈尔笔记法从 20 世纪 50 年代起流传至今，沃特·波克是最早解读这一方法的人。[40] 这个方法把一张纸分为左右两栏：在左栏中写下会后要提的问题、主要想法、图表；右栏则是实时会议记录；最后把摘要写在下边。

做笔记不仅是为了精确记录，还是为了学习和融会贯通。事实证明，使用放慢节奏的工具记笔记，效率会更高。[41] 不要追求一字不差，用自己的语言分析和书写的越多，你记住的也就越多。

这就是研究显示用纸笔比用笔记本电脑做笔记更有效的原因。[42] 因为键盘打字比手写速度快，我们就更愿意逐字逐句地引用他人的发言，而不去思考写下的是什么。

使用康奈尔笔记法，在会议期间把笔记写在右栏。会后 24 小时内，在左栏补充会议引出的问题，并在下边填写摘要。在下次跟进会议之前，你要过一遍左栏，尝试回答其中的问题。

心不在焉

会开到一半，主持人问了你一个问题。你支支吾吾，不知道应该说什么。你并没有睡觉，但是开小差了：怎么写工程报告？明天要给谁打电话？你思前想后，就是没想正在开会的内容。

心不在焉的时候，你不是在管理时间，而是在浪费时间。要脱离这种状态，办法就是找到关联。[43] 下面的一些方法可以帮你在开会时找回注意力。

※ 培养观察力：在你的特定专业领域，你可以看到别人看不到的事情。看看周围：一位同事看上去很忙但是不出活儿；另一位写了份杰出的报告；经理很善于宣布坏消息。

※ 思考的时候拿支铅笔：一边思考一边把你的想法写下来。把会议中无法取得一致的突出问题视觉化。

※ 作比较：同事和你的知识面互有长短，你熟悉的事情他可能不懂。从你们共同的领域拿一些比喻来说明问题。

※ 怀着自发的目标：每次参加会议的时候都要问问自己"这次会议的目的是什么"。

参加会议的时候心不在焉，等于把自己和别人的时间都花在了最没效果的地方。开会时为自己设置一个标准，一定要找到关联。

时间压力

我的客户海威说，每次截止期限迫在眉睫的时候，他的生产力和创造力都更高。事情必须有个截止期限，这样他才能动起来，然而他并不喜欢随之而来的压力。

时间压力是在自己内心形成的。别人可能会强烈要求我们立即花时间处理他们的任务，但他们只是提供了时间压力的来源，真正的时间压力是我们自己建立起来的。使用单核工作法，我们可以自信地说自己已经尽力了。

哈佛商学院的一项研究 [44] 发现，沉重的时间压力对创造性思维有负面影响。虽然参与者自我感觉在时间压力下创意更多，但实验结果表明，他们的创造性思维其实变差了。

可察觉的时间压力还对决策制定有负面影响。因此在类似"爱荷华博弈任务"（Iowa Gambling Task）的决策游戏中，如果被告知时间不够了，人们在学习和完成游戏上的表现就会更差。[45]

我们解决了海威的问题，方法是接受一个事实：时间会以恒定的速度向我们走来。这是确定无疑的。海威使用单核工作法处理最重要的任务，从而用最佳方式安排了自己的时间。想更快完成任务、取得更好的结果，这可能是唯一的方向。

现在专注一件事：小结

问：**同时做两件事能省一半时间，这不对吗？任务切换和多任务处理有什么坏处？**

答：人类可以同时处理的多任务仅限于"不需要留心注意"的情况，例如呼吸和走路。我们自以为多任务齐头并进的时候，实际上是在做任务切换，而任务切换要付出沉重的代价。大量研究表明，任务切换会拖慢速度、导致更多错误并且损害创造力。

问：**单核工作听上去不错，但身为重点工程的带头人，我处在工作枢纽位置。我应该停止与他人协作吗？**

答：不应该。你应该继续与他人协作，充分发挥协调作用。但仍然可以通过"志愿者小时"的方式有效控制不速之客，这样既不影响你为他人服务，又能让你完成更多的可支配工作。

问：**无条件专注于一项任务可以提高效率，但我怎么能确定这项任务就是正确的一项呢？优先级不断在变，我想做当前最重要的事情。**

答：专注一件事（不问它是否重要）才能有效率，但要取得成效，又必须经常重新评估优先级。我们采用单核工作、全景总览的节奏。首先设置到下一个整点或半点（9:30、10:00、10:30……）的全景闹钟，然后全景总览下一步要做的潜在任务，选择最重要的一项，无条件专注地做，直到全景闹钟响铃。戒绝通知，即关掉电子邮件自动收取，关掉能看到和听到的手机提醒，可以显著增强你专注工作的成功率。

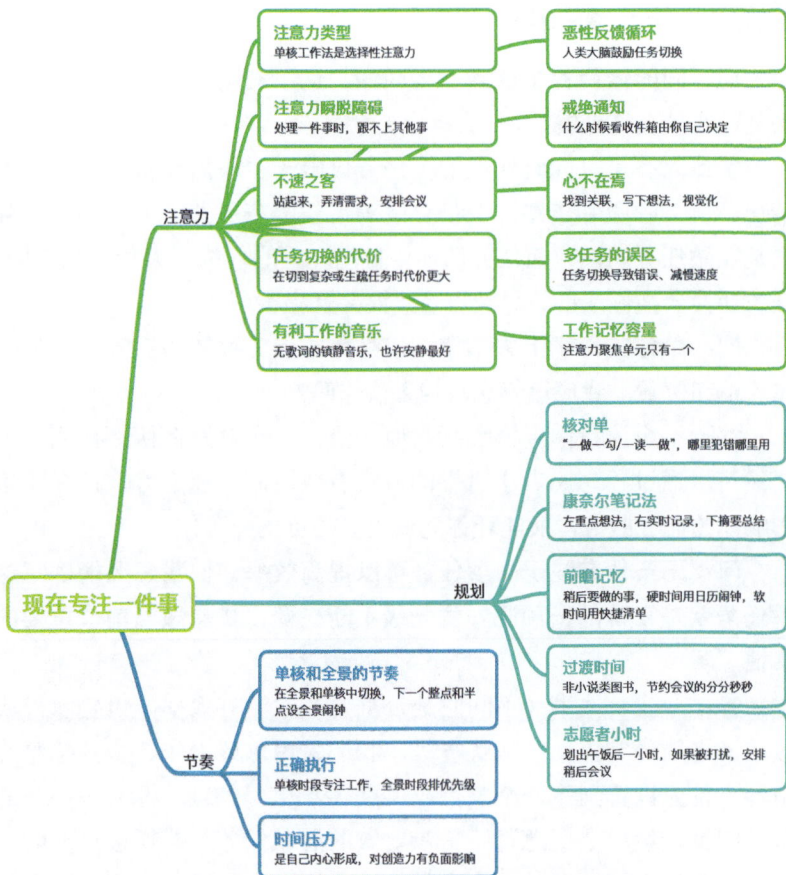

注释

[1] Jackson, T. W., Dawson, R. J. and Wilson, D. "Evaluating the Effect of Email Interruptions Within the Workplace", Conference on Empirical Assessment in Software Engineering, Keele University, April 2002.

[2] Zeigarnik, B. "Das Behalten erledigter und unerledigter Handlungen". *Psychologische Forschung*; 9, 1927.

[3] Miller, G. A. "The magical number seven, plus or minus two: Some limits on our capacity for processing information", *Psychological Review*; 63(2), 1956.

[4] Cowan, N. "The magical number 4 in short-term memory: A reconsideration of mental storage capacity", *Behavioral and Brain Sciences*; 24(1), 2001.

[5] McElree, B. Working memory and focal attention, Journal of Experimental Psychology: Learning, Memory, and Cognition; 27(3), 2001.

[6] Jackson T. W., Dawson R. J. and Wilson D. "The cost of email interruption", *Journal of Systems and Information Technology*; 5(1), 2001.

[7] Hobbs, C. R. *Time Power*, Harper & Row, 1987.

[8] 约翰·梅迪纳，《让大脑自由：释放天赋的 12 条定律》，浙江人民出版社，2015。

[9] Rubinstein, J. S., Meyer, D. E. & Evans, J. E. "Executive Control of Cognitive Processes in Task Switching", *Journal of Experimental Psychology: Human Perception and Performance*; 27, 2001.

[10] 赫伯特·西蒙，《管理行为》，机械工业出版社，2013。

[11] 彼得·德鲁克，《卓有成效的管理者》，机械工业出版社，2009。

[12] Jersild, A. T. "Mental set and shift". *Archives of Psychology*; 89, 1927.

[13] Rubinstein, J. S., Meyer, D. E. & Evans, J. E. "Executive Control of Cognitive Processes in Task Switching", *Journal of Experimental Psychology: Human Perception and Performance*; 27, 2001.

[14] Sohlberg, M. M., Mateer, C. A. *Introduction to Cognitive Rehabilitation: Theory and Practice*, Guilford Press, 1989.

[15] Gladstones, W. H., Regan, M. A., and Lee, R. B. "Division of Attention: The single-channel hypothesis revisited", *The Quarterly Journal of Experimental Psychology Section A: Human Experimental Psychology*; 41(1), 1989.

[16] Just, M. A., Keller, T. A., & Cynkar, J. A. "A Decrease in Brain Activation Associated With Driving When Listening to Someone Speak", *Brain Research*; 1205, 2008.

[17] Jackson, T. W., Dawson, R. J. and Wilson, D. "Evaluating the Effect of Email Interruptions Within the Workplace", Conference on Empirical Assessment in Software Engineering, Keele University, April 2002.

[18] Zeigarnik, B. "Das Behalten erledigter und unerledigter Handlungen", *Psychologische Forschung*; 9, 1927.

[19] Stone, L. "Continuous Partial Attention: Not the Same as Multi-Tasking", *Bloomberg Businessweek*, July 24, 2008.

[20] Bengtsson, C. "Konsten att fokusera: 10.9", *Volante*, 2015.

[21] Dismukes, R. K. "Prospective Memory in Workplace and Everyday Situations", *Current Directions in Psychological Science*; 21(4), 2012.

[22] Loukopoulos, L. D., Dismukes, R.K., Barshi, I. *The Multitasking Myth: Handling Complexity in Real-world Operations*, Ashgate, 2009.

[23] Jolicoeur P., Dell'Acqua R., Crebolder J. M. *The Limits of Attention: Temporal Constraints in Human Information Processing*, edited by Shapiro K., Oxford University Press, 2001.

[24] Raymond, J. E., Shapiro, K. L., Arnell, K. M. "Temporary suppression of visual processing in an RSVP task: An attentional blink?", *Journal of Experimental Psychology: Human Perception and Performance*; 18(3), 1992.

[25] Engstrom, T. W., Mackenzie, R. A. *Managing Your Time: Practical Guidelines on the Effective Use of Time*, Zondervan Publishing House, 1967.

[26] Wajcman, J., Rose, E. "Constant Connectivity: Rethinking Interruptions at Work", *Organization Studies*; 32(7), July 2011.

[27] Zeigarnik, B. "Das Behalten erledigter und unerledigter Handlungen", *Psychologische Forschung*; 9, 1927.

[28] Fox, J. G., Embrey, E. D. "Music — an Aid to Productivity", *Applied Ergonomics*; 3(4), 1972.

[29] Venetjoki N., Kaarlela-Tuomaala A., Keskinen E., Hongisto V. "The Effect of Speech and Speech Intelligibility on Task Performance", *Ergonomics*; 49(11), 2006.

[30] Galván, V. V., Vessal, R. S., and Golley, M. T. "The Effects of Cell Phone Conversations on the Attention and Memory of Bystanders", *Journal PLoS One*, March 13th 2013.

[31] Brodsky, W., Slor, Z. "Background music as a risk factor for distraction among young-novice drivers", *Accident Analysis & Prevention*; 59, 2013.

[32] Smith, C. A., Morris, L. W. "Differential effects of stimulative and sedative music on anxiety, concentration, and performance", *Psychological Reports*; 41, 1977.

[33] DeLoach, A. G., Carter, J. P., Braasch, J. "Tuning the cognitive environment: Sound masking with 'natural' sounds in open-plan offices", *Journal of Acoustical Society of America*; 137(2291), 2015.

[34] Dolegui, A. S. "The Impact of Listening to Music on Cognitive Performance", *Student Pulse*; 5(09), 2013.

[35] Winston, S. *The Organized Executive: New Ways to Manage Time, Paper, and People*, Norton, 1983.

[36] Zeigarnik, B. "Das Behalten erledigter und unerledigter Handlungen", *Psychologische Forschung*; 9, 1927.

[37] Sanders, J. *The 5 A.M. Miracle: Dominate Your Day Before Breakfast*, Ulysses Press, 2015.

[38] Haynes, A. B., Weiser, T. G., Berry, W. R., et al. "A surgical safety checklist to reduce morbidity and mortality in a global population", *New England Journal of Medicine*; 360(5), 2009.

[39] Gawande, A. *The Checklist Manifesto: How to Get Things Right*, Henry Holt and Company, 2009.

[40] Pauk, W. *How to Study in College*, Houghton Mifflin, 1962.

[41] Bjork, R. A. *Memory and metamemory considerations in the training of human beings, Metacognition: Knowing about knowing*, edited by Metcalfe, J., Shimamura, A.,Cambridge, MA: MIT Press, 1994.

[42] Mueller, P. A., Oppenheimer, D. M. "The Pen Is Mightier Than the Keyboard: Advantages of Longhand Over Laptop Note Taking", *Psychological Science*; 25(6), 2014.

[43] Hobbs, C. R. *Time Power*, Harper & Row, 1987.

[44] Amabile, T. M. et al. "Time Pressure And Creativity In Organizations: A Longitudinal Field Study", Harvard Business School, 2002.

[45] DeDonno, M. A., Demaree, H. A. "Perceived Time Pressure and the Iowa Gambling Task", *Judgment and Decision Making*; 3(8), 2008.

第 3 章

永不拖延

已经决定了要做什么但是不去做，这不是等于白费工夫吗？我们还总爱做其他无意义的琐事来逃避。出于这样或那样的原因，思想总是还没准备好做我们想要做的事情。拖延把我们置于焦头烂额的境地。

首先要弄明白拖延的本性。造成拖延的潜在原因很多。借助服务生效应的一点帮助，[1] 局面是可以得到扭转的。我们可以让头脑渴望做事，而不是勉强做事。

本章提供了自动坚持任务和脑力预算等实用方法。要避免拖延，最主要的问题是如何开始。既然我们下大力气保护了一段可支配时间，就别把这些时间浪费在其他事情上，而是应该将其用于选定的任务。

一分钟：如何做到永不拖延？

五项基本概念

※ 时间不一致是指人们在评估自己未来的忙碌程度时，会认为近期超忙，远期不那么忙。研究记录证明，这是人类思维的误区。跳出误区的方法是，现在就做最重要的事，对紧急程度不作考虑。

※ 可支配时间的浪费意味着，你本来有一段受保护的时间来处理最重要的任务，但却花在了其他事情上。我们必须确保足够珍视可支配时间的价值。浪费掉的时间不会再回来。

※ 服务生效应让我们知道，未完成的任务更容易被记住。正确利用这个效应有助于停止拖延；错误使用则会让拖延更严重。可以动用潜意识思维来促使我们完成最重要的任务，而不是其他任务。

※ 自动坚持任务是服务生效应的延伸。[2] 人类有一种强烈的意愿，想要完成被中断的任务。[3] 在下午下班前开始一项任务，这会鼓励你自己明天早晨回来继续做这件事。

※ 内在动力比奖励和惩罚的影响更大。自主是为自己的选择负起责任。专精是一种不断渴求进步的心态。目的可以激发你成为比自己更伟大事物的一部分。

问卷

在开始脑力激荡之前，先找出你在现阶段工作当中经常遇到的"时间杀手"，给它们打钩。

❑ 决策被推迟 ❑ 不敢反对管理层
❑ 同事喧闹 ❑ 缺乏 IT 技能
❑ 星期六总上班 ❑ 相互矛盾的指令
❑ 任务缺乏挑战 ❑ 不敢承担风险
❑ 例行公事 ❑ 早晨总是缺少灵感
❑ 把预估当成承诺 ❑ 面临截止期限
❑ 信息不容易找到 ❑ 缺少个人空间
❑ 责任太大，权力太小 ❑ 干扰太多，总是分心
❑ 目标模糊 ❑ 三小时的会议中间没有
❑ 士气低落 休息
❑ 面子工程

黄瓜和洋蓟在游艇俱乐部相遇

黄瓜：今天上班顺利吗？

洋蓟：挺好的。中午吃了美味的意面；下午茶歇时，同事乔西跟我讲了一个特传奇的故事，讲他是怎么开始练习武术的。

黄瓜：你完成了什么任务没有？

洋蓟：很遗憾，没有。我负责的这个工程吧，是超级郁闷的那种。要干的事儿特大，我都不知道从哪里开始。客户又爱耍脾气，不管我拿出什么来，都可能挨批。我一开始就不想掺和进来。都是老板逼的。

黄瓜：所以你并没开始工作，就只是悠长的午餐加悠长的茶歇？

洋蓟：谁规定不让吃饭喝茶了么……

黄瓜：让啊！这些是很好的时机，可以让大脑重新充电，产生新的创意。问题好像应该是，除了吃饭喝茶，你在其他的时间都干什么了？

洋蓟：确实。我知道要做什么，但还是没去做。我有拖延症。

黄瓜：拖延不等于没救。这个工程有好处也有坏处，你先接受它，然后试着朝好的方向努力。

洋蓟：你知道吗？乔西今天跟我讲他们武术团的信条，有一句是"我不能阻止风吹，但我能调整帆，驶向我要的方向"。

黄瓜：很有道理，这就是我想说的意思。

洋蓟：明天我要把工程拆分开，形成逐步渐进的计划，然后专注于一个最小化可行思路。我的脑子里现在已经有一些想法了。

时间不一致

你在一个月前接下了一项重要任务，内容是调查如何更好地控制公司成本，那时候看上去有大把时间。现在一个月过去了，明天就要开董事会议，汇报你调查的成果——可是你还什么都没做呢。

时间不一致是指我们在评估自己未来的忙碌程度时，会认为近期超忙，远期不那么忙。研究显示，人们会预期未来有更宽裕的时间，而不是现在。[4] 截止期限越远，觉得越容易达成目标。[5]

艾森豪威尔说，紧急的任务不重要，重要的任务从来不紧急。[6] 参照紧急程度排列优先级的人，经常会忘了重要任务。那些在假期第一天就做家庭作业而不是留到最后一晚的学生，总是会考出更好的成绩。

你可能觉得，其中的窍门是要多说一些"不"，但事情没那么简单。很多任务在提出的时候看上去很重要，仅仅考虑"做/不做"那种非黑即白的回答是不对的，必须要让这项任务的利益关系人了解我们的优先级排序。有足够的理由让我们把这件事接下来吗？

别漏掉事情，但坚持按照自己的优先级来工作。频繁而无情的除草行动，让我们更加容易预测自己未来的表现。另外还可以把任务拆分；定期交付可用的中间结果，由此可以看出你能不能完成整个任务。

心流和拖延

拖延是充分认识到了应该做任务 A，但是却逃去做任务 B，不碰任务 A；心流则是深深沉浸于所专注的任务。[7] 这么说，一个是坏人，一个是好人啦？差不多，但不完全是。

造成拖延的原因多种多样。别人想让我做这件事，但是对我有什么好处？这个任务太庞大，我应该从哪里开始？我担心结果不够好，所以就不交付。我太累了，需要休息。我的事太多，分身乏术。

应该把"拖延"与"花时间考虑"区别开。[8] 在面对一宗棘手的难题时，先花一两天消化问题、酝酿思考，可能会找到更好的解决方案。有些时候，仅仅 5 分钟的休息就可以带来新点子。

在处理正确的任务时，心流是极好的。但有些事可能刚刚还是应该做的，现在就不是了。情况改变后还在错误的任务上投入心流是徒劳无功的。这就是为什么必须至少每小时切换到全景模式一次，评估你的优先级。

想让拖延变为心流，要解决的最大障碍是"含糊不清"。不明确的优先级排序，不明确的任务目的，不明确的预期指标，不明确的反馈渠道——这些障碍都可以通过单核工作法去除。

可支配时间的浪费

　　我的客户柯孝在一家成功的创业公司任 CEO。他说他的困难是不想开始。即使待办清单上写着重要任务，他还是会打开社交网站、看看天气预报、玩玩电脑游戏。

　　你的一部分上班时间安排了会议，其他则是可支配时间，是完全可以自己管理自己的时间，通常也是用于处理顶级优先任务的时间。相对于不可支配时间，可支配时间更容易浪费掉。

　　在出席会议的时候，无论多么心不在焉，你总能听进一些发言的内容。在讨论时还能多多少少贡献点意见。但换成自己干活，该做的事情你有可能一点都没做。

　　柯孝和我聊起如何看待可支配时间的价值。他害怕把太多时间花在会议上。虽然知道可支配时间非常宝贵，但他还是浪费了。解决柯孝问题的是两个概念："无内疚时间"和"时间盒子"。

　　柯孝选出最重要的任务，设置闹钟到分针的下一个竖直位置。他总算开始专注于这项任务，而不是坐等解决方案自己出现了。这样到闹钟响铃的时候，他就可以有一段无内疚时间，愿意用来做什么都行。

拖延的征兆

有时我们明明计划好要做一项任务，但还是不去动手。这里列出拖延的一些典型征兆。识别这些征兆，便于我们知道何时采取行动。

※ 知道要挨批评：干脆什么都不做，就不会受到批评。

※ 事情超出控制：想拖延的话，可以找出很多责怪的理由。

※ 拒绝承担责任：反正其他人可以做。

※ 分心干扰：一些鸡毛蒜皮的事让我们在忙碌中拖延。

※ 情非得已：别人强加的任务，正好是反抗和懒惰的借口。

※ 事不关己：这种态度可能也是为了逃避和拖延。

※ 没有动力：是一个刻意选择的事实，用来劝自己不要开始。

※ 初学乍练：没做过这种任务，漫无方向，更不敢开始做。

※ 过度规划：总觉得掌握的信息还不够多，所以无法开始。

※ 被动遗忘：让思维游荡，把任务忘掉，是一种拖延策略。

※ 贬低价值：认为这事儿没什么大不了，结果导致拖延。

※ 技能不足：这是个经常被夸大的事实，用来当作拖延的理由。

※ 利益关系人不在：既然没人等结果，我们就可以不做。

※ 成功恐惧症：担心表现得称职，以后压力会越来越大。

一言以蔽之，就是各种害怕。要战胜恐惧心理，一个好办法是把自己暴露在害怕的事物面前。在你讨厌的任务上，寻求小小的下一步行动。我能保证，一旦开始做这件事，你就会感觉好多了。

服务生效应

布鲁玛·蔡加尼克发现，服务生对未付款的账单记得更清楚。[9] 大量实验证明，服务生效应确实存在。[10] 正确利用这个效应有助于停止拖延，还能启动强大的背景思考之力来解决问题。那么要怎么做呢？

如果开始了一项任务，大脑认知访问相关信息的能力会增强。下班时，用一张纸条写下明天要开始做的事情。这会有效地让大脑开始为明天做准备。

我们的潜意识跟未完成的任务有仇，它会不断骚扰意识思维，提醒要把事情做完。有迹象表明，未完成的任务越重要，我们就记得越牢。[11]

在某种程度上，任务只要在快捷清单里出现，就会被当作"已经开始但没完成"的事。这就是要限制快捷清单上的任务量为最多5 项的原因。永远不要在今天的待办清单里放置多于 5 项任务，这样可以避免很多因为自己而中断工作的情况。

电视连续剧里的悬疑桥段就是有意利用了服务生效应。本页第一段也许会让你产生好奇，想要把整篇文章读完。要克服自己的拖延，只需要开始一项任务，大脑就会鼓励你把它完成。

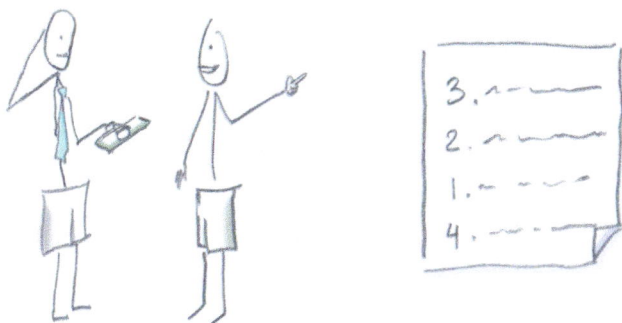

艾维·李方法

"给我支个招吧，怎么完成更多事情？"查尔斯·施瓦布向艾维·李问道。施瓦布是伯利恒钢铁公司的总裁，他一直在寻找能提高生产力的方法。"管用的话，我会支付合理的价钱。"

大名鼎鼎的管理顾问艾维·李给了他一张白纸，说："写下你明天必须做的事情，然后按照实际重要程度给它们标上数字。明天早晨第一件事就是，开始做编号为 1 的工作。"[12]

类似你我的知识工人需要花力气解决复杂的问题。每一个新问题都有其独特的挑战，因此更需要简单、通用的规则来指导自己。艾维·李的方法用起来超级简单，鼓励采取单核的工作方式。

这个方法还强迫我们对优先级做出决定：真正重要的是什么？不作决定，就有可能落入急事的陷阱，明天一上班就被突如其来的琐事绊住。

几星期后，艾维·李收到了一张 25 000 美元的支票——在当时是很大一笔钱。施瓦布后来说，艾维·李方法是他在整个职业生涯中学到的最有价值的方法。好吧，他可能没听说过玛丽亚·奥西安吉娜的发现。

自动坚持任务

如果下班前能把手头的任务都做完，是不是感觉很棒？但是在早晨想要开始做点什么的时候，有没有遇到过困难？时间滴答流逝，而我们还在小事上纠结，没想过究竟该做什么事。

玛丽亚·奥西安吉娜在 1928 年的研究表明，"下班前把事情做完"和"明天早晨着手做事"两者其实是有冲突的。这与布鲁玛·蔡加尼克在 1927 年的发现一致，那就是我们更容易记住被打断的任务。

奥西安吉娜请实验对象进行一些工作，例如折纸或者把德文译为法文；并且在执行过程中突然打断任务，例如把东西掉在地上请他们帮忙捡起来。

被打断长达 50 分钟后，尽管没有人要求他们回去做最初的工作，实验对象还是显示了继续工作的强烈愿望。我们想要完成已经开始的任务。这个愿望即使在休息期间也一直存在。[13]

使用艾维·李方法，在下班之前写下明天最重要的任务，这是让明早开工更容易的第一步。不过在任务进行一半的时候回家，效果会更好。自动坚持任务就是在下班前已经开始但尚未完成的那项任务。

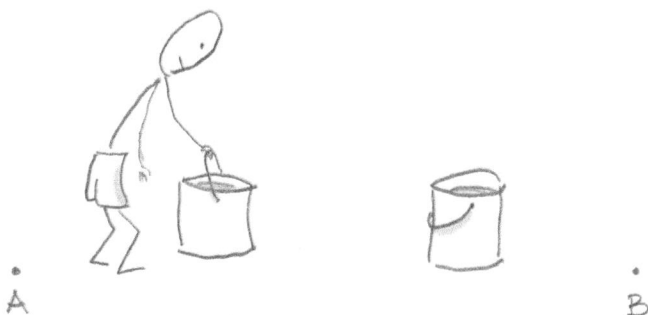

批量处理

匆忙症（pre-crastination）是一种强迫倾向，看见小任务就想马上开始做，长此以往，这些鸡毛蒜皮的小事反而更让人身心交瘁。有人会拿这种办法来对付拖延症，但匆忙症更像是拖延症的一种变形。

假设你站在 A 点，要拎起两个桶中的任何一个放到 B 点，你会选择接近 A 点的桶还是接近 B 点的桶呢？多数人会选择离自己较近的桶，即使拎着桶走到 B 的距离要更长。[14]

这类似于一大早就在回复短邮件，到下午还忙着那些七零八碎的任务。一天到晚小任务做得再多，也顶不了一个最重要的任务。这样做的短期效果是苦劳大过功劳，长期效果是连苦劳都落不着。

赢得小胜的感觉很棒，势如破竹的感觉很棒。大脑想要完成已经开始的任务。[15]阅读一封邮件只是把任务开了个头，还得写回复才算完成。匆忙症背后最大的动机是强迫自己逃避大任务，不管大任务多么重要。

与其每次收到账单就去付款，不如把账单收为一叠，统一安排一个每周付款时间。把类似的任务放在一起批量处理，可以节省启动时间。要战胜拖延症，最好是把重要的大任务拆解成小任务来做，而不是用匆忙症来逃避重点。

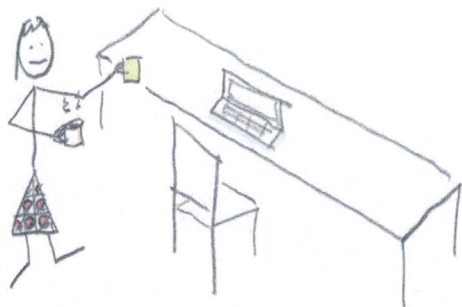

晨间流程

你走进办公室，面临着一项正要开工的新工程。工程规模相当大，都不知该从哪儿下手。你没有开始做，而是逃到咖啡机那里待了半个小时。终于，你回到办公桌旁，开始在社交网站上信步闲游，又一个上午就这么过去了。

怎么办？晨间流程是你个人的一张清单，只需一次性写好就能每天重复使用。要在其中按时间顺序列出一系列行动：行动 1、行动 2……可以偶尔对晨间流程进行反思和修改。

我的晨间流程是这样的：1) 清理所有临时占用办公桌的纸张物品；2) 写下最先想到的重要任务；3) 清空电子邮件收件箱；4) 选择一项任务开始做。注意，我的例子仅供参考，你应该最清楚自己适合什么流程。

试试这个新习惯吧：一到办公室，立即坐在办公桌旁；把闹钟设置到分针的下一个竖直位置（8:00、8:30，等等），但要不少于 25 分钟；执行你的晨间流程，直到闹钟响铃。

一套晨间流程可以点燃你的灵感引擎。一旦速度上来了，要保持步调就不需要太多的能量。日复一日地执行你的晨间流程，外在规程就会变成习惯。

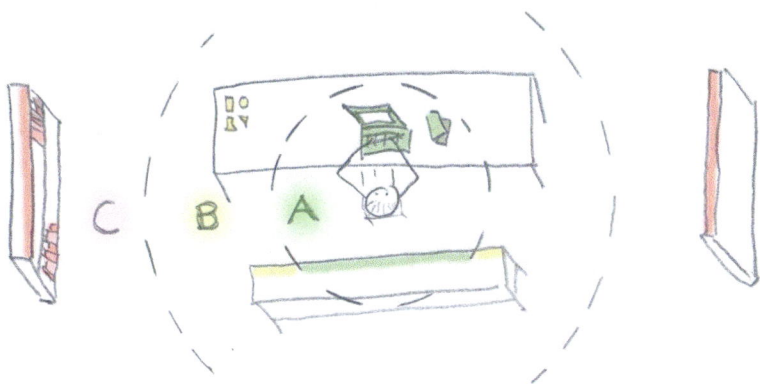

手边管理法

手边管理法是查尔斯·霍布斯在他的"时间力量系统"[16]中提供的方法，就是让需要的物件能在手边随用随取。把你的办公桌想象为一个射击标靶，由三个同心圆区域组成，自内向外分别称为 A 区、B 区和 C 区。

A 区是你坐着能轻松够到的地方。除了用来完成当前单核任务的纸笔和小工具，这里不放任何东西。B 区必须站起来才能够到。这些地方放置今天估计要用到的物品。

其他东西都必须放到 C 区，即视野之外或者必须走几步才能拿到的地方。挑战就在于，要把我们喜欢、在乎、总觉得会用到的东西放得远远的。然而这正是关键所在：用视觉安排反映自觉意识，把优先级排列摆出来。

对于那些想看的杂志、有趣的新书、受命阅读的打印材料，或者把它们写在今天要做的快捷清单上，或者将其纳入归档。所谓归档，就是放到抽屉里、书架上，或者另一个选择——丢进垃圾桶。

手边管理法与法国职业厨师的"各就各位"（mise en place）[17]和日本生产车间的"5S 管理"[18]有异曲同工之妙。通过实践，让手边管理法成为习惯吧。每天安排两三个时间点，花片刻时间把 A 区、B 区和 C 区整理好。

过去 ｜ 现在 ｜ 未来

专心模型

克里斯蒂娜·本格森在射击场花了 25 000 小时练习，才成为军事精确射击世界冠军。在金牌之路上，她培养了一种称为专心模型的方法。[19] 这一模型由三步构成。

你试图专注在一项任务上，思想却任意游荡。第一步，要注意到你在想的事情是什么。今天晚饭做什么吃？邻居是不是对我有意见？应该几点去学校接孩子？

第二步，想象一条时间线，把分心的想法置于其上。中间两竖之间代表现在，左侧是过去，右侧是未来。例如"几点接孩子"会放在右侧的水平线上。

最后，用一个此时此刻的中立想法来代替那些过去和未来的想法。例如，可以想想正在写的文档应该怎么措辞，字号应该怎么设置，怎么把手指放在键盘上。

克里斯蒂娜对专心的定义是：不因过去和未来想法的干扰而分心。无求无忧，无疑无猜，不刨根问底。人类大脑有一种很强大的能力，可以想象未来、分析过去。某些情况下，我们宁愿暂时关掉这种能力。

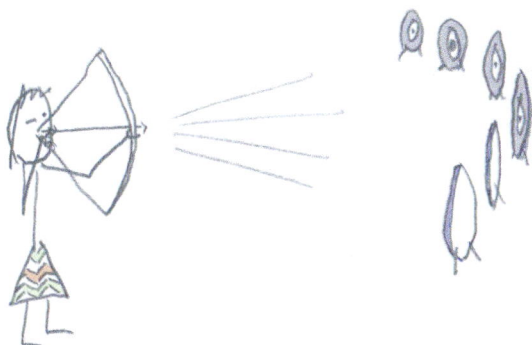

专注于单一目标

从想法到行动，中间隔着一个拖延症的距离。如果让行动更具体可行，可能会缩小这道鸿沟。我们把大任务分解成小任务，让如何执行显得更明确。只是要注意，任务太多同样会导致拖延。

对一项任务进行规划可以鼓起干劲，原因恰恰在于这会让我们看淡所有其他任务。做计划的时候细分出太多任务，就会找不到重点所在。这些任务足够具体了，但问题是数量太多，没有一项能引起我们的重视。

对于一份看重的任务，如果发现目标之间有冲突或者预期不太可能达到目标，我们的决心就会动摇。规划分解出太多的任务，让资源有限的事实更加突出。我们的时间、注意力和能量没这么多，负担不起这些事情来。[20]

创建目标这件事不应该被视为独立任务，而应该是一项系统工作，其中的一个个目标是互相关联的。在一份过度冗长的待办清单中，多数任务都会处于未完成状态。这不仅是因为任务太多，清单的长度本身也动摇了投入的决心。

将快捷清单限制为 5 项任务，每周对集草器清单进行除草，减少受服务生效应干扰的任务数量。要用好单核工作法，你应该只拆分当前在做的任务，而不要去拆分其余的任务。

硬时间拖延

研究表明，人们会预期未来有更多宽裕的时间，而不是现在。[21]有趣的是，对于能立即获得奖励的任务，人们也倾向于日后去做；特别是对于那些有效期很长的机会，我们的拖延会更严重。

苏珊·舒和阿耶莱特·格尼茨对此进行了研究。[22]结果表明，在一个城市逗留两星期的游客比那些住这里一年或更长时间的居民看到的标志性建筑多得多。如果我们要在巴黎住上一年，"去看埃菲尔铁塔"就不是什么今天要办的大事。

舒和格尼茨还分发了两种礼券，可以到本地一家高级法式茶餐厅领取一份蛋糕和饮品。第一组礼券的有效期是三周，第二组礼券的有效期是三个月。

在收到礼券的时候，有效期较长的那一组人对自己会去兑奖的信心高出很多。结果，礼券有效期较短的第一组实际兑奖的概率是第二组的 5 倍。

游览地标建筑和兑换茶点都是硬时间任务。要么无所谓，干脆不做；要做就立马在日程表上安排好。想吃到免费蛋糕吗？当时一收到礼券，就要立刻定好哪天去兑奖。

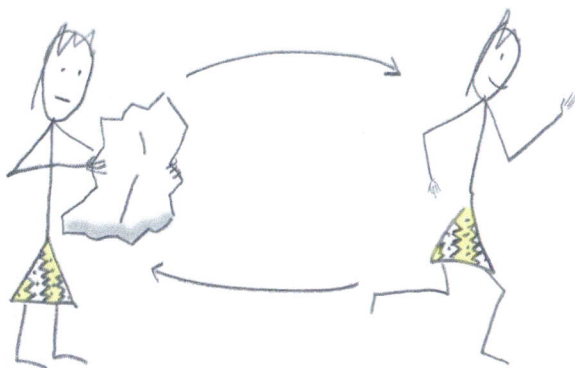

规划过度也是拖延

在事情开始前花太多时间进行规划也是拖延。你为工作进行了规划，却没有按规划去工作。原因可能是一项大任务的产出不够明确，也可能是对新问题没把握，担心别人会议论自己。

牛顿对惯性的定义是：物体会保持其现有的静止或运动状态。[23]借用到心理学上，玛丽亚·奥西安吉娜证明，只要开始一项任务，我们就会产生想继续把它做完的强烈愿望。[24]

面对一项大任务，提前把每件事都规划好不等于推动进展。只要工作没有展开，我们就会感到阻力，不想执行规划好的事情。尽管服务生效应可以让规划中的事情出现在脑海里，[25]但是不按规划工作就不会取得任何成果。

过度规划是盲目的。一套巨细靡遗的规划可能才执行到 20% 就发现需要调整工作重心。在这种情况下，之前 80% 的规划都白做了。更好的做法是先开始，一边做一边找方法。

要考虑任务的目的。如何取得利益关系人所期待的成效？规划下一步行动，这样可以花最小的力气让任务进入运动状态。按照规划进行工作，然后从别人那里获得反馈。之后保持速度就容易多了。

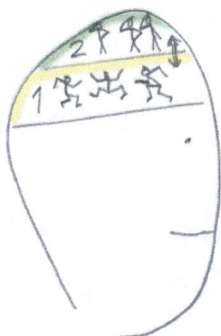

反射思维与反省思维

想象这样一个模型：有两台思考机器在大脑里并行工作，它们互相协作，互相发送信息。可以称它们为系统 1 和系统 2。[26] 集中注意力在一项任务上的能力非常依赖于系统 2 的工作状况。

系统 1 负责快速的自动思考。它反应速度很快（reflexive），可以称作反射思维。它有时会有点疯狂，并不需要多少能量。另一方面，自控能力对它不起作用。例如，我们听到别人叫我们的名字就会转过头去。系统 1 会自动完成这件事，不需要花力气认知。

系统 2 对思考和行为进行控制。它负责深思熟虑（reflective），可以称作反省思维。在系统 1 发来疯狂想法的时候，它要进行清醒的评估，然后做出最终决策，选择要把注意力放到哪里。系统 2 的容量受制于我们有限的工作记忆。

更多的时候，我们需要自我控制，所以反省思维的工作很容易超负荷。不过系统 2 天生懒惰，过量的刺激反而会让它破罐破摔。例如，来自智能手机的通知声会让你无法将注意力保持在最重要的任务上。

那些觉得自己很忙的人会偏向自私的选择，做出肤浅的判断，使用攻击性的语言。[27] 你坐在家里想要专心写一份重要的商业信函，而孩子却在一边玩耍喧闹。这时你也许会突然失去控制，对他们吼出严厉的话。

杂乱无章

有种叫捡破烂的病会让人收集很多没用的东西，把自己的空间和时间完全堆满。别对号入座，你也许没有这么严重的病情，但至少应该知道：办公室的杂乱无章会降低生产力，同时也可能提高创造力。

凯琳·沃斯和她的同事为此做了一些有趣的实验。她请参与者写出乒乓球的 10 种创新用途。结果证明，身处杂乱房间中的一组做得比整洁房间中的另一组更好。

在她的另一项实验中，身处杂乱房间中的人更容易选择标着"创新"的产品而不是标着"经典"的产品。整洁有序的环境似乎会激活因循守旧的思维模式，而杂乱无章的环境刺激你尝试新鲜事物。[28]

不过也有一些研究结果证实，无关的周边视觉刺激会偷走注意力。[29] 很多人的经历与之相符：在被多种声音环绕的情况下，很难专注在自己的任务上。

保持你的桌面整洁，不留杂乱。如果有两星期没碰过的文件，必须将其移除——不管它们看上去多有趣、多有用。如果要开研讨会或者酝酿新想法，咖啡厅和室外漫步是更好的选择。

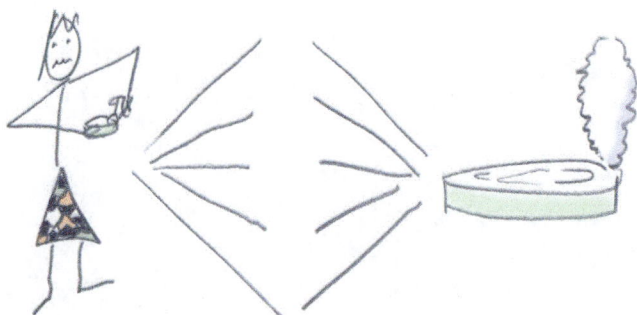

棘手问题

你正在处理一项说不清的问题。信息是混乱的，客户有好几方，决策人众多，而更不幸的是他们的优先级彼此冲突。面对这种棘手问题（wicked problem）时，设计思维可能要比分析思维更有用。[30]

分析思维是在现实世界中进行可控的实验，以客观事实为准；而设计思维是建模并合成一个未来世界。后者在此可能更加实用。[31]分析师思考的是一件事是否真实；而设计师思考的是一件事能否利用。

在设计思维中，对问题进行定义是解决方式的一环。举例来说，首先提出："如何用开罐器打开金枪鱼罐头？"这种方式可行，但应该考虑的是，要打开罐头，有没有更便利、更现实的办法。也许可以不用传统的开罐器。

所有的设计都是重新设计。你要以现有事物为起点来构建或者即兴创作新事物。这种建设性的问题解决起来常常很有趣，很容易投入进去。你一次又一次地把问题拆开又重新组合，一切都是新鲜的。

斯坦福大学发展出一套设计思想，遵循这样的流程：共情、定义、创意、原型、测试。[32]每一个步骤开始于发散思维，寻找变数；接下来进行收敛思维，测试创新组合。

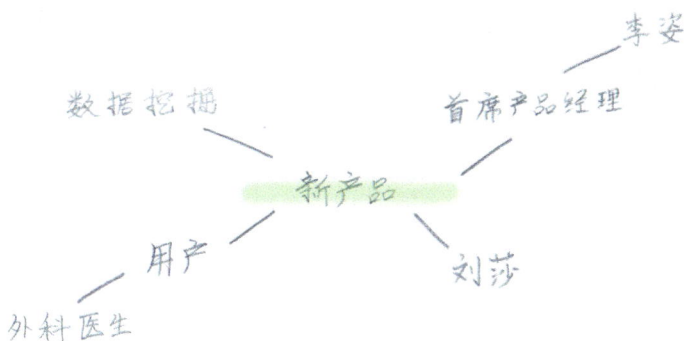

先视觉化再开始

在一项大任务开始之前，视觉化有时能帮你战胜拖延。这里说的可不是什么绘制项目的详细图表，控制成本、质量、时间的巴恩斯三角之类，[33] 而是进行一些分析，增强对事情的认识。

(1) 首先，写出你想得到哪些效果。效果并不等于你做的东西。以撰写一份销售报告为例，其真正的效果是提供有用的决策依据，让公司主管进行产品管理时有据可循。

(2) 从第一步所列效果中选出最重要的一项，重新写在一张白纸的中心，进而画成思维导图 [34]，周围辐射出与此相关的角色和人员。谁会从这个效果中获益？谁持有对你有帮助的重要信息？谁是赞助人？

(3) 观察第二步产生的思维导图，想出一个能在短时间内验证的最小化可行思路。要达到这个效果，你现在能做的是什么？怎样给别人展示并获得反馈？你要寻求的不是赞美，而是第二意见。

注意，最小化可行思路不一定要解决整个问题，甚至不一定要产生效果。对你来说，首要目的是学习。解决问题的方向是否正确？下一小步要做什么？这对利益关系人有什么帮助？

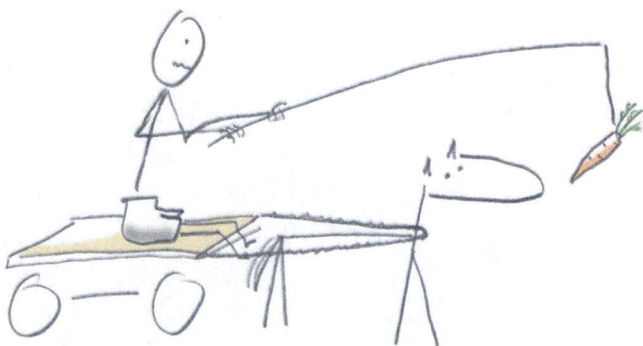

内在动力

在进行机械性重复任务的时候，人的动力大都来自奖励机制。一旦需要创造性思维，奖励和惩罚就会在现实中导致更差的表现。[35]自主、专精和目的才是解决复杂问题的动力。

※ 自主（autonomy）体现为掌控感，你有权决定自己的工作时间、工作内容、工作方式等。人们天生都是积极行动、乐意付出的。自主不等于完全独立，而是你拥有选择权，能按自认为最佳的方式完成任务。

※ 专精（mastery）是一种心态，认为事情总是有改进的空间。你可以在各方面取得进步，不论是弱项还是强项。这要求你付出努力，刻意训练。专精经常让你体验到心流的美妙感觉。面对的挑战与自身能力完美匹配。

※ 目的（purpose）会带来幸福，而它本身就是一种比幸福更强的驱动力。[36] 你想让自己做的事情有意义，想要把事情做好，想要成为比自己更伟大事物的一部分。正确设定目的，常常能让你获得最大的奖励，是其他途径都难以达到的。

内在动力更胜于外部激励，丹尼尔·平克在《驱动力》一书中对此进行了有力的阐述。[37] 不一定要当公司老板才关心这些事。想对抗拖延症，你也可以努力增强工作中的自主、专精和目的。

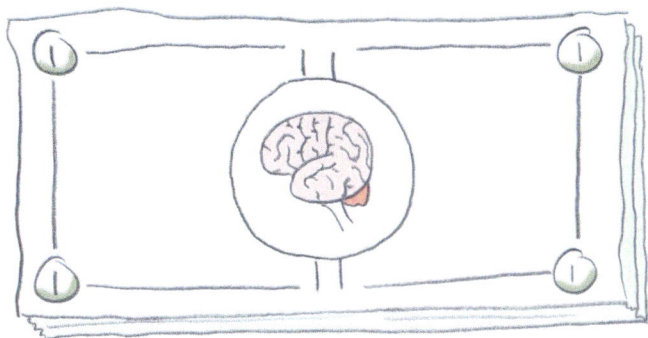

脑力预算

对职场人士来说，倒霉的一天经常是这样：上午的时间用来处理意外出现的琐事，有的事甚至和工作无关；单调乏味的任务被推到午后；可是到了下午，你的大脑又开始后继乏力。你成了自我损耗（ego depletion）的受害者。

在大脑的进化过程中，前额皮质是最年轻的部分。有了它，我们才能想象当前不存在的事物。这个本领当然是极好的，但也必须知道，相对于大脑的其他部分，较新、较复杂的前额皮质要消耗更多的能量。排列优先级是很累的。[38]

选择今天优先做什么，是前额皮质的苦差事。它必须思考当前还不存在的工作成果，比较这些成果的价值。在早晨这段时间里，大脑的能量最多，[39]因此最适合做全天计划。[40]

在一天当中会出现新的东西，优先级有可能调整，别锁死这道门。为了灵活起见，在一天开始的时候，把潜在工作限制为 5 项，写在快捷清单上。在早晨，你有充裕的脑力预算来做出正确的选择。

最后从快捷清单中选出最重要的任务，开始你的第一个单核时段。不要逃避困难、麻烦的任务。现在是早晨，你有对付它们的能量。先吃掉最丑的青蛙，会让你在接下来的一天里都充满自信。[41]

永不拖延：小结

问：每天早晨我都清楚地想好要完成哪件任务，志在必得，但因为各种原因，并没有开始做，到下午却又没力气做了。我该怎么办？

答：做规划和排列优先级主要是在大脑中称为"前额皮质"的这一部分进行的。它工作起来特别消耗能量，如果你拖到下午做，就可能出现燃料不足的情况。想要早晨一来就动手做某件事，最好的方法是在头天下班前，先给这项任务开个头。我们的大脑有强烈的愿望想要继续已经开始的事情。

问：在开始新任务时，我常常会做详尽规划，安排好每一步。我愿意对事情有把握，不想犯错误。不过实际花的时间总是超过预期。原因何在？

答："规划过度"不仅是一种拖延逃避的典型症状，还会消磨你想要完成任务的动力。规划一项任务的同时，也在削减对其他各项任务的承诺。详细规划了太多的子任务，会让每项任务看上去都无足轻重。看清前方的每一步，你会觉得成功之路太过艰巨。这会动摇你的决心。

问：在大家眼中，我这个人答应的多，完成的少。为什么我总要接下超过能力的事情呢？

答：大脑有一个自然的倾向，认为未来会比现在有更多的松散时间。遥远的截止期限让事情看上去更容易达成，从而导致我们接下超出完成能力的任务。这种现象叫作"时间不一致"，我们在规划未来时想着东，但该做事情的时候却想着西。解决的药方是在规划中留出足够的时间，对于不想做的事要明确拒绝。

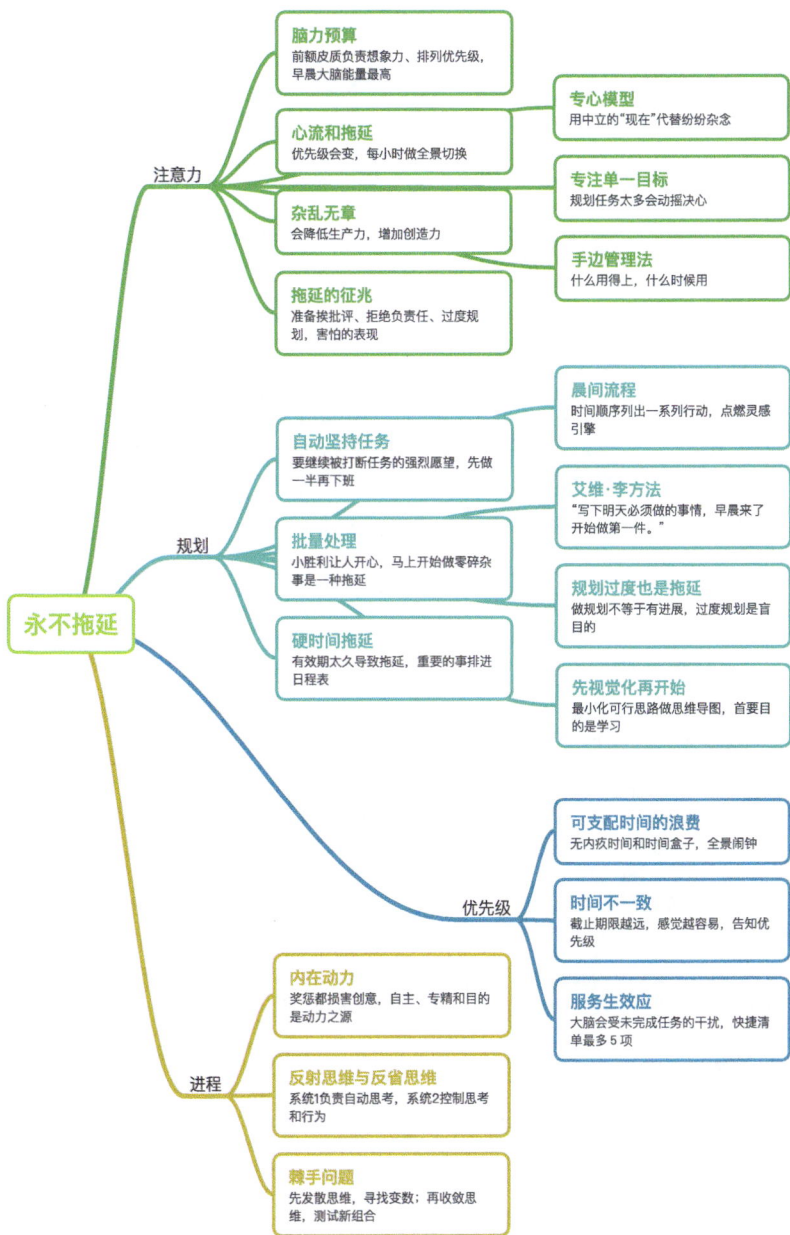

注意力

- **脑力预算**
  前额皮质负责想象力、排列优先级，早晨大脑能量最高
  - **专心模型**
    用中立的"现在"代替纷纷杂念
- **心流和拖延**
  优先级会变，每小时做全景切换
  - **专注单一目标**
    规划任务太多会动摇决心
- **杂乱无章**
  会降低生产力，增加创造力
  - **手边管理法**
    什么用得上，什么时候用
- **拖延的征兆**
  准备挨批评、拒绝负责任、过度规划，害怕的表现

规划

- **自动坚持任务**
  要继续被打断任务的强烈愿望，先做一半再下班
  - **晨间流程**
    时间顺序列出一系列行动，点燃灵感引擎
- **批量处理**
  小胜利让人开心，马上开始做零碎杂事是一种拖延
  - **艾维·李方法**
    "写下明天必须做的事情，早晨来了开始做第一件。"
- **硬时间拖延**
  有效期太久导致拖延，重要的事排进日程表
  - **规划过度也是拖延**
    做规划不等于有进展，过度规划是盲目的
  - **先视觉化再开始**
    最小化可行思路做思维导图，首要目的是学习

永不拖延

优先级

- **可支配时间的浪费**
  无内疚时间和时间盒子，全景闹钟
- **时间不一致**
  截止期限越远，感觉越容易，告知优先级
- **服务生效应**
  大脑会受未完成任务的干扰，快捷清单最多 5 项

进程

- **内在动力**
  奖惩都损害创意，自主、专精和目的是动力之源
- **反射思维与反省思维**
  系统1负责自动思考，系统2控制思考和行为
- **棘手问题**
  先发散思维，寻找变数；再收敛思维，测试新组合

注释

[1] Zeigarnik, B. "Das Behalten erledigter und unerledigter Handlungen", *Psychologische Forschung*; 9, 1927.

[2] Zeigarnik, B. "Das Behalten erledigter und unerledigter Handlungen", *Psychologische Forschung*; 9, 1927.

[3] Ovsiankina, M. "Die Wiederaufnahme unterbrochener Handlungen", *Psychologische Forschung*; 11(1), 1928.

[4] Zauberman, G. and Lynch Jr, J. G. "Resource slack and propensity to discount delayed investments of time versus money", *Journal of Experimental Psychology: General*; 134(1), 2005.

[5] Shu, S. B., Gneezy, A. "Procrastination of Enjoyable Experiences", *Journal of Marketing Research*; 47(5), 2010.

[6] Eisenhower, D. D. The American Presidency Project, Speech number: 204, Title: Address at the Second Assembly of the World Council of Churches, Location: Evanston, Illinois, Date: August 19, 1954.

[7] 米哈里·契克森米哈赖，《当下的幸福：我们并非不快乐》，中信出版社，2011。

[8] Jönsson, B. *Unwinding the Clock: 10 Thoughts on Our Relationship to Time*, Harcourt, 2001.

[9] Zeigarnik, B. "Das Behalten erledigter und unerledigter Handlungen", *Psychologische Forschung*; 9, 1927.

[10] Greist-Bousquet, S., Schiffman, N. "The Effect of Task Interruption and Closure on Perceived Duration", *Bulletin of the Psychonomic Society*; 30(1), 1992.

[11] Johnson, P. B., Mehrabian, A., Weiner, B. "Achievement Motivation and the Recall of Incompleted and Completed Exam Questions", *Journal of Educational Psychology*; 59(3), 1968.

[12] Engstrom, T. W., Mackenzie, R. A. *Managing Your Time: Practical Guidelines on the Effective Use of Time*, Zondervan Publishing House, 1967.

[13] Ovsiankina, M. "Die Wiederaufnahme unterbrochener Handlungen", *Psychologische Forschung*; 11(1), 1928.

[14] Rosenbaum, D. A., Gong, L., Potts, C. A. "Pre-Crastination: Hastening Subgoal Completion at the Expense of Extra Physical Effort", *Psychological Science*; 25(7), 2014.

[15] Ovsiankina, M. "Die Wiederaufnahme unterbrochener Handlungen", *Psychologische Forschung*; 11(1), 1928.

[16] Hobbs, C. R. *Time Power*, Harper & Row, 1987.

[17] Montagne P. *The Concise Larousse Gastronomique: The World's Greatest Cookery Encyclopedia*, Hamlyn, 1988.

[18] Ortiz, C. A., Park, M. *Visual Controls: Applying Visual Management to the Factory*, CRC Press, 2011.

[19] Bengtsson, C. "Konsten att fokusera: 10.9", *Volante*, 2015.

[20] Dalton, A. N., Spiller, S. A. "Too Much of a Good Thing: The Benefits of Implementation Intentions Depend on the Number of Goals", *Journal of Consumer Research*; 39, 2012.

[21] Zauberman, G. and Lynch Jr, J. G. "Resource slack and propensity to discount delayed investments of time versus money", *Journal of Experimental Psychology: General*; 134(1), 2005.

[22] Shu, S. B., Gneezy, A. "Procrastination of Enjoyable Experiences", *Journal of Marketing Research*; 47(5), 2010.

[23] Gamow G. *The Great Physicists from Galileo to Einstein*, Courier Corporation, 2012.

[24] Ovsiankina, M. "Die Wiederaufnahme unterbrochener Handlungen", *Psychologische Forschung*; 11(1), 1928.

[25] Zeigarnik, B. "Das Behalten erledigter und unerledigter Handlungen", *Psychologische Forschung*; 9, 1927.

[26] Stanovich, K. E., West, R. F. "Individual differences in reasoning: Implications for the rationality debate?" *Behavioral and Brain Sciences*; 23, 2000.

[27] 丹尼尔·卡尼曼,《思考,快与慢》,中信出版社,2012。

[28] Vohs, K. D., Redden, J. P., and Rahinel, R. "Physical Order Produces Healthy Choices, Generosity, and Conventionality, Whereas Disorder Produces Creativity", *Psychological Science*; 24(9), 2013.

[29] Beck, D. M. & Kastner, S. "Top-down and Bottom-up Mechanisms in Biasing Competition in the Human Brain", *Vision Research*, 2008.

[30] Churchman, C. W. "Wicked Problems", *Management Science*; 14(4), December 1967.

[31] Simon, H. A. *The Sciences of the Artificial*, M.I.T. Press, 1969.

[32] Harris, A. *Creativity and Education*, Springer, 2016.

[33] Dunne, K. J., Dunne, E. S. *Translation and Localization Project Management: The Art of the Possible*, John Benjamins Publishing, 2011.

[34] 东尼·博赞,《思维导图宝典》,化学工业出版社,2014。

[35] Cameron, J., Banko, K. M., Pierce, W. D. "Pervasive negative effects of rewards on intrinsic motivation: The myth continues", *The Behavior Analyst*; 24, 2001.

[36] Frankl V.E. *...trotzdem Ja zum Leben sagen: Ein Psychologe erlebt das Konzentrationslager*, Verlag für Jugend und Volk, 1946.

[37] 丹尼尔·平克,《驱动力:在奖励与惩罚已全然失效的当下,如何焕发人的热情》,中国人民大学出版社,2012。

[38] Vohs, K. D., Baumeister, R. F. , Schmeichel, B. J. et al "Making choices impairs subsequent self-control: a limited-resource account of decision making, self-regulation, and active initiative", *Journal of Personality and Social Psychology*; 94, 2008.

[39] Sievertsen, H. H., Gino, F., Piovesan, M. "Cognitive fatigue influences students' performance on standardized tests", *PNAS*; 113(10), 2016.

[40] Blain, B., Hollard, G., Pessiglione, M. "Neural mechanisms underlying the impact of daylong cognitive work on economic decisions", *PNAS*; 113(25), 2016.

[41] 博恩·崔西,《吃掉那只青蛙》,化学工业出版社,2009。

第 4 章

循序渐进

不仅要把事做正确，还得做正确的那件事。然而一切都在改变，曾经看起来正确的那件事也在改变。可能是我们没理解利益关系人的意思，可能是他们改变了想法，也可能是我们想出了更好的方案。

我们必须时常与利益关系人同步目标。在处理任务的过程中，我们会学到新东西；在看到阶段成果时，利益关系人会学到新东西。我们的优先级排序要时不时地基于这些新知识做出调整。

本章强调了拥抱变化的价值。我们必须把任务分解，做一点就展示一点成果给利益关系人看。配合使用时间盒子和拉金问题，我们能够充分利用最新的知识。

一分钟：如何做到循序渐进？

五项基本概念

※ 任务分解可能是战胜拖延最有效的方式。开始做一项小任务，要比开始做一项大任务更容易。但要把大任务的整体目的牢记在心，而且不要提前把所有子任务规划得太详细。

※ 拉金问题："此时此刻我的时间最好用来做什么？"这是我们必须经常问自己的问题。要让工作取得成效，就必须经常检查成果并调整规划。

※ 时间盒子是要先确定：什么时候开始，什么时候结束，专注在什么任务上。这与工作成果的多少好坏无关，纯粹与注意力有关。当然，良好的专注度会带来更高的产出。

※ 幼鸟先飞让我们把想法尽早分享给别人，从而获得反馈。这些反馈有助于确定下一步行动的最佳方向：看，这些是已经实现的，接下来怎么做最好？

※ 虚假紧急是一个坑人的骗局，让你把力气花在一些次要的任务上。它让你进入来者不拒的响应状态。但是用客观标准衡量，这些任务其实不重要，反而耽误事。它们让你忙来忙去，阻碍了真正的工作。

问卷

在开始脑力激荡之前，先找出你在现阶段工作当中经常遇到的"时间杀手"，给它们打钩。

❑ 工作材料不全　　　　　❑ 决策审批环节太多

❑ 需求变来变去　　　　　❑ 对委派任务管得太细

❑ 利益关系人不在场　　　❑ 一次尝试太多

❑ 紧迫的截止期限　　　　❑ 各种截止期限

❑ 假装紧急　　　　　　　❑ 仓促作决定

❑ 总犯同样的错误　　　　❑ 缺少反馈

❑ 等待他人　　　　　　　❑ 按下葫芦浮起瓢

❑ 毫无准备的任务　　　　❑ 一夫当关，万夫莫开

❑ 委派失误　　　　　　　❑ 官僚主义害死人

❑ 每天的事务性工作　　　❑ 规划得太长远

黄瓜和洋蓟相约在森林散步

黄瓜：阿蓟，好久不见。最近怎么样？

洋蓟：最近一个月我工作很拼的，给客户交付了一个大活儿。

黄瓜：那你交付的东西客户满意吗？

洋蓟：可惜不满意。

黄瓜：为什么？

洋蓟：就是想不通啊。我完完全全按客户的需求单交付的。但客户现在说，他们要的不是这些。

黄瓜：原本在需求单上的东西，等实际做出来看到效果，产生新的想法不是很正常的吗？

洋蓟：是的，你说的对。我应该在一开始就和他们协调，早点看看他们是否喜欢我做的东西。

黄瓜：如果他们在早期改变想法，事情会怎样？

洋蓟：那我就可以调整工作重点，不会浪费这么多时间。

黄瓜：下需求单有点像下赌注：我想未来我会需要这个。需求单订的东西越大，风险也就越大。

洋蓟：没错。小步循序渐进地工作，保证自己每隔一段时间有进行调整的能力，可以减少风险。

任务分解

任务太大，可能是拖延症的头号原因。如何吃掉一头大象？先咬下第一口，然后服务生效应会帮助我们保持步伐。[1] 不幸的是，有太多人的任务分解是失败的，原因是把任务分解当成了详细的路线图：从起点直到终点。

在分解任务之前，第一步是考虑这事的终极目的。自问自答：为什么你要花时间来做这项任务，而不是其他随便什么任务？当你交付最终结果的时候，会如何让世界变得更好？回答一两句话即可。

第二步是写下一份利益关系人清单，以及他们为什么想要你做这项任务。利益关系人可能是直接使用你工作成果的人，例如阅读你报告的人；也可能是出资方或者间接受到你的工作成果影响的人。

第三步是找出 1~5 项可以产生反馈结果的小任务。例如，查阅之前的报告，写下目录标题，联系某位能提供有用信息的人。通过执行这些子任务，你会获得与整体任务相关的更多知识。

完成快捷清单上的小任务后，虽然整体任务还没完成，但是你可以把现阶段的工作成果与他人分享，重新评估终极意义，从而找出新的 1~5 项小任务。一边做、一边获得新知识，进而让新知识发挥优势。

拉金问题

可以有很多借口不立即去做最重要的事情：某人刚刚让我去做某件事；我当年答应过要做某件事；我心里很渴望做某件事；某件事眼看就要到截止期限了……不过，我现在的时间花在这些地方真的好吗？

阿兰·拉金在 20 世纪 70 年代创造了"拉金问题"[2]：

此时此刻我的时间最好用来做什么？

拉金敦促我们，在纠结要做什么时，在被干扰分心时，在拖延耽搁时，在一切看似按部就班时，都应该问问自己这个问题。在单核工作法中，我们至少每小时问自己一次拉金问题。

在片刻之前最重要的事情，现在可能已经不是最重要的了。今天早晨你开始写一份财务报告，到 11 点还没写完，而这时你发现，必须在午饭前开出一张发票。现在拉金问题的答案就成了发票。

任务切换总是有成本的，因此对于想要完成一些事情的人来说，单核工作法作用很大。尽管这个世界在向我们索取越来越多的注意力，"做最重要的事"仍然要成为压倒一切的优先级排列规则。

单核工作法并非要对新任务强制说"不"。每小时思考拉金问题，在问题之间的时段专注于一项且仅此一项任务——此时此刻最重要的任务。这样可以同时获得最佳的灵活性和效率。

开发 – 测量 – 认知

你接手一项任务时，它已经有了预先定义的详细规格，包括交付日期、工作方法和产出结果。你严格按照规格做了，但客户那边看不到任何有用的东西。开发 – 测量 – 认知的方法 [3] 可以降低一条路走到黑的风险。

这项工作一开始，你会对应该做些什么来满足利益关系人的需要有一些假设或猜想。"开发"意味着在这样的前提下，通过最简单的可行方式来测试你的假设。做出一点东西，寻求一些反应，从而获得更多的知识。

这并不一定是要制造原型产品和交付阶段性成果。例如，你可以做一套幻灯片，向别人展示来获得反馈。可以在幻灯片里描述你的行动、交付成果的品质或者目标人群的收益。

针对获得的反馈，提取出你的结论。这时，就可以发现你的某些假设是正确的，而某些必须丢弃。新的知识激发产生新的假设。然后在第二个迭代里测试新假设，你的产出就在递增中前进了。

随着一次接一次的迭代，不断测试各种想法，你就建立起了一套定位于现实的产出成果。对利益关系人来说，他们有机会最先看到第一手成果，知道自己将得到哪些东西，这样就可以提供更好的指导，告诉你他们想要什么。开发 – 测量 – 认知让我们能在早期校正方向。

截止期限、目标日期和交付日期

截止期限（deadline，字面意思是"死亡线"）和目标日期（target date）不是一回事。在沟通的时候一定要注意，这些词汇至关重要。随便混淆它们会让人产生错误的期待，从而导致不良的优先级排序，把人惹毛，在最坏的情况下甚至会丢掉商业机会。

19 世纪，美国的监狱外面围有一圈栅栏，犯人如果出界就会被击毙。因此，这圈栅栏被称为"死亡线"。[4] 报社借用了这个词，代表必须交稿的最后时间，再晚就赶不上本期刊登了。

在今天的职场中，错过截止期限意味着没有办法再为这项任务做任何事了。为会议准备简报是有截止期限的，在会议之后再修改简报是没有意义的。

目标日期并不是截止期限，而是对实现既定成果的期望日期。我们在沟通时也许会把目标日期告诉对方。错过目标日期可能会带来负面后果，但仍然可以继续工作来完成这项任务。交付日期（due date）与目标日期差不多。

自设自守的目标期限可以减少拖延，[5] 原因可能是这让我们感觉这项任务的紧急程度提高了。这种欺骗自己的方法其实会损害生产力。必须基于重要程度来确定优先级，而不是紧急程度。

时间盒子

在单核工作法中，我们使用的不是截止期限和目标日期，而是时间盒子（timeboxing）。使用时间盒子，我们能灵活使用可支配时间，根据最新的知识调整优先级。这样才能让我们所做的事情产生最大的价值。

时间盒子要提前设置三个参数：什么时候开始，什么时候结束，专注在什么任务上。一个成功的时间盒子就是能按时开始，按时结束，而且专注在既定任务上，没有被其他事打扰。

这里要用到完全不同的思考方式：在时间盒子中，我们专注于专注本身，而不是专注于工作成果。成果的多与少、好与坏都不重要，只要能让自己单核处理最重要的工作，我们就满意了。

一个时间盒子可能不够大，完不成整个任务，这没问题。在下一个时间盒子开始前，你有权力决定，是再投入一个时间盒子继续这项任务，还是切换到另一项任务。时间盒子让优先级排序具有灵活性，减少了风险，比用截止期限倒逼的方法更好。

为什么时间盒子比截止期限好？因为前者不用考虑超出我们控制的东西。你能控制的只是让自己专注什么事、什么时候停止，而在开始以前，这项任务能否达到预定目标、能否赶上截止期限，都不是你能决定的。

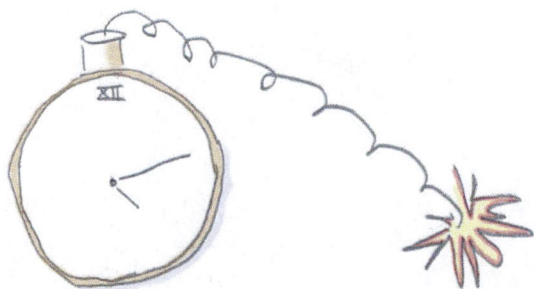

虚假紧急

紧急是市场营销人员最好的朋友。为了向你兜售某样东西，他们会营造十万火急的感觉。对于披着紧急外衣的任务，最好有一副火眼金睛。

※ **失去机会的紧急**：每次有人要求你在一个时间框架内采取行动，你都应当考虑最坏的情况。如果不行动，会发生什么？可能也没多糟糕。

※ **艰难成就的紧急**：当别人告诉你这项任务很难做的时候，他们可能陷入了费斯廷格的心血辩护效应（Festinger's effort justification paradigm）。[6] 人们倾向于认为，投入的努力越多，取得的成果越有价值。

※ **竞争的紧急**：现在不行动就会输给别人。但是如果比赛本身并不重要呢？在无关宏旨的竞争上花时间，你也许能赢得战斗，但却输掉了战争。

※ **稀缺的紧急**：研究显示，某项资源有限的情况会导致我们采取行动。[7] 如果有一份建功立业的机会摆在面前，你不担起责任，你的同事就会取得这个位置。

※ **时间用语的紧急**：如果有类似"现在、快点、赶紧、立即"这些词汇出现在任务描述中，就要提高警惕。它们放在那里可能只是为了营造虚假的紧急感。

　　单核工作者评估工作优先级时，要根据重要程度，而不是紧急程度。某些任务会让你进入来者不拒的响应状态，但是用客观标准衡量，它们其实并不重要，反而耽误正事。它们让你忙来忙去，阻碍了真正的工作。

危机式管理

一片忙乱，人仰马翻；大期将至，金鼓连天；时势英雄，临危受命。这情景似乎在哪里见过？管理层传达的意思都是公司面临难关，状况始料未及，时间刻不容缓，决策情非得已。

在我看来，一个工程、一项任务永远都不会太晚。我们也许有过不切实际的期待，以为事情到今天能做到什么地步，但那是以前。现在，既然已经知道事情的真实进展程度，我们就不应该被过去的猜想所困扰。把失败的规划扔进故纸堆就好了。

在危机灯闪烁的时候，要保持冷静。首先分析当前状况：我目前的位置在哪儿？多探究有关联性的假设：当前的状况是暂时的吗？还是会长期存在，以至于覆盖最初规划的整个时间周期，影响成功执行？[8] 如果是后者，就要重新规划。

基于你当前所处的位置，设立新目标。你想要实现什么？要达成这些目标，有没有变通路径？尽量别考虑在办公室砸时间的选项，因为这很少有效果。不休息，你的步伐会慢下来，总体上减少了能够实现的成果。

如果一位长跑运动员因为感觉自己表现未达预期，就总是不断冲刺的话，他就无法跑完全程。"风物长宜放眼量"，以可持续的步伐前进，我们才能获得最佳的长期生产力。

施行力

爱德华·德·博诺说，我们的文化里有种特别浅陋的偏见，就是把思想者和行动者区分开来。[9] 他创造了施行力（operacy）这个词来代表行动中涉及的思考或者行动中用到的技巧。施行力的基准是简单、务实、有效。[10]

※ 任务够不够简单？

　　简单的行动，就是要做显而易见的事。既然想到一个聪明的点子，就快速把它实现，在做的过程中学习。想成功，必须容忍错误和失败。通过做简单的事情，我们会获得时间和空间来调整航向。

※ 任务是不是可行？

　　通过这项简单的任务，确实能获得往下进行的更多知识吗？每次在确定一项任务的优先级之前，先考虑最可能的成果。最可能的成果不等于最期望的成果。

※ 任务是不是有效？

　　效率（efficient）在于在输入和输出之间取得平衡；而成效（effective）则在于取得想要的成果。施行力在于做真正值得做的事情。决定优先级时，要看眼下这一步如何更有成效。

现实世界的工作涉及人员、规划、冲突、取舍和协商。你必须评估状况，自己主动行动起来。只做不想是不够的，只想不做也不行。施行力是一种街头智慧，能帮你做成事情。

SMART

乔治·多兰最初提出 SMART 这个缩写时，针对的是制订公司目标的高级职员、经理人以及高管。第一版中的 5 个字母分别代表明确性、可衡量性、可分配性、现实性、时限性（specific, measurable, assignable, realistic, time-related；SMART 的英文字面意思为"聪明、智能"）。[11]

然而在设置个人目标的时候，不必做到向全公司传达文件那样精确。对自己的任务进行 SMART 描述，可能会模糊你的直觉，导致过分追求细枝末节。

你出自直觉的前进方向要比刻意给自己定义的衡量指标更重要。在事前凭空制定明确规格是盲目行为，会抑制创造力。现实性与成效有关，它也应该是你在着手任务后更清楚的，而不是着手之前。

时限性在这里指的是设置截止期限。你应该知道，我一直主张交替进行小步前进、学习、调整航向的步骤。制定庞大的规划，预先划出整体工作时间和工作范畴，只会让人一头扎进自认为对的方向。

不要用 SMART，而是要把桌面当成你的实验台，检验最新的假设是否正确。在全景模式下选出最重要的任务，然后在单核时段内专注执行。由此可以获得新知，明白如何继续前进。

幼鸟先飞

经过各方面思考和准备后，把你的最小化可行想法讲出来吧。可以在茶歇喝咖啡的时候，解释给你的同事听；也可以在家时，用浅显的比喻解释给家人听。幼鸟离开窝才能学会飞行。即使这换来的是无知问题或者激烈批评，也能帮你把工作向前推进一步。

事前规划做得再大，都不如循序渐进好。做出一点工作，向其他人演示；获得一些反馈，然后进行调整。这种态度可以让事情透明化、风险最小化，同时拓展探索范围：这些是已经实现的，接下来怎么做最好？

正是所收集到看法的多样性可以帮助改进你的工作。谁都不是万事通，但是他们各自建议中的错误会相互抵消，最后留下有用的信息。[12] 应当尊重每一条反馈并心怀感激。不管是否为绝对真理，这些毕竟都是他们的真实经验。

种瓜得瓜，种豆得豆。研究发现，如果员工对自己的知识持保密态度，就会触发互不信任的循环，其他同事也就不愿意分享知识给他们。[13] 在工作早期进行分享，是建立长期信任的一个好方法。

不要寻求赞美。如果能加以正确利用，负面的批评和明显的误解都可以促进你的工作加速起飞。应该思考的是，他们为何不理解你，而你又该如何澄清。此外也要请教对方，该如何调整你的工作。

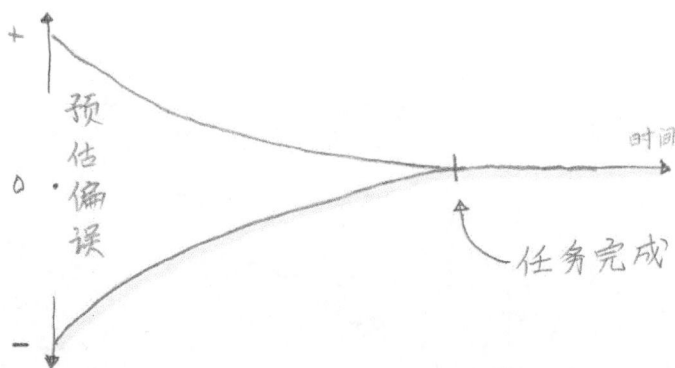

不定度锥形

客户问你什么时候交付。你不知道，但估计是三天之后。客户不满意，说太晚了。你不想说谎，只希望能回答得让客户高兴，又要控制达不到预期的风险。怎么办？

侯世达定律（Hofstadter's Law）宣称，完成任务的时间会永远比你期待的更长，即使你已经把侯世达定律计算在内。[14] 这样在定义中使用自己的定义有点疯狂，但它揭示了一个重要的事实：对于需要思考的任务，在事前 100% 准确预估时间是不可能的。

在解决一个问题的过程中，要进行大量的小步决策，而整个进程是无法预见的，只会逐步展现。如果可以预知每一步进程而不必决策，那在一开始整个问题就不是问题了。

问：在什么时间点上最容易估算完成一项任务的时间？答：在已经完成这项任务的时候。关于预测知识工作产出的准确性的法则被称为不定度锥形（cone of uncertainty）。[15]

让客户不断获知你的进度，让他参与你的预估。不要承诺在三天后交付，而是承诺在他的任务上专注工作一天，然后给他展示工作成果。到时候，你们都可以获得对所需时间更好的理解。

帕金森定律

　　"根据平常的观察可以知道，工作是会自动膨胀的。给它分配多少时间，它就占满多少时间。因此一位老太太给她外地的侄女写一张明信片寄出去，就能花掉一整天时间。"

　　诺斯古德·帕金森在 1955 年写下这段话并将其命名为帕金森定律（Parkinson's Law）。[16] 每次把任务分配给日程表上的某个时间段都是在押宝。我们赌的是，在这个特定的时间里做这项特定的任务是对我们时间的最好利用方式。

　　预估一项任务所需的时间，要服从自然变化法则。任务有些时候比我们事前期待的时间更长，有些时候则更短。即使任务进行得比较快，我们事前多分配的时间也会浪费进去。这就验证了帕金森定律。

　　如果减少投注会怎么样？把一项任务划分为较小的时间块，可以让你更灵活。当时间用光时，就评估一下，是需要花更多时间在当前任务上，还是需要前往另一项任务。单核工作法要求经常评估优先级，从而解决帕金森定律的问题。

　　然而最浪费生产力的做法是，无视最新的知识，忽略这项任务已经不再重要的事实，抱着一份已经过时的规划守株待兔。日程表安排现在要做任务 A，而在你制定规划之后出现了更重要的任务 B。你应该做的是跳过 A 往前走。

	A	B	C	D
吉姆	40	30	20	10
乔治	100	0	0	0
杰克	25	25	25	25
约翰	15	50	5	30

优先级分配方式

"要把优先级分配的几种方式区分清楚，别以为这是小事。"迪克森·霍格在 1970 年这样写道。[17] 他举例说明了对待优先级的四种分配方式：假设有四个商人，他们都同意工程 A 是顶级优先，B 其次，C 再次，最后是 D；然而他们的分配方式却大相径庭。

※ 相对优先级：吉姆觉得应该同时进行全部四个工程，但是优先级更高的工程要投入更多的精力。

※ 满溢优先级：乔治觉得应该把所有精力投入到优先级最高的工程，一直到它完成。然后剩下的时间才能给次级优先的工程。

※ 均平优先级：杰克觉得所有工程要同时进行，而且要投入同样多的精力，除非工程之间出现冲突。一旦发生冲突，A 比其他三个工程优先，以此类推。

※ 完成优先级：约翰觉得优先级问题只有根据工程完成的快慢来讨论才有意义。

在单核工作法生产力系统中，采用灵活版本的满溢优先级分配。当前所有的精力都应该放在最重要的任务上。不过要注意，至少一小时问自己一次拉金问题[18]："此时此刻我的时间最好用来做什么？"

事物一直在改变，我们一直在学习。在一小时前看上去优先级最高的事情，可能在现在就不是了。这就是全景时段的作用：根据需要重新排列优先级。如果我们下定决心选择了一项任务，就应该确定无疑，把它当成唯一要注意的事情，直到下次全景闹钟响起。

透支未来

在 21 世纪的头几年，流行一种毁灭性的思维模式：把还没孵出来的蛋也当鸡算，却看不到现在和未来之间的距离。提前承诺在下周完成 10 个大任务，不等于真的已经做到了。

有个农夫一直用一头牛耕地。他不能因为又买了三头牛，就计算四倍的收成。我们生活在一个透支未来的年代，事情八字还没一撇呢，却早早开始坐地分钱。

预估只是猜测而已。不要错误地把规划的时间和真正的进度混为一谈。[19] 你可能把所有任务都安排在了日程表上，但某项任务可能会遇到重大困难，也可能比预想的耗时更多。在任务完成之前，我们不知道它需要多长时间。

我们现在无法预知自己未来会知道什么。明明只是计划完成的事情，为什么要假装是已经完成的呢？透支未来的心态把时间缺乏、时间乐观和时间压力的问题暴露无遗。通过沟通优先级排序、保持进程透明，我们可以避免这些问题。[20]

不要提前承诺成果，而是承诺你的行为。不要承诺在一周内完成任务 A，而是承诺给 A 最高优先级。先工作两天，把进度展示出来，经常进行回顾和调整。这就是渐进的工作方式。

循序渐进：小结

问：有些时候，在心流状态的我会花很多工夫抠细节。如何确保工程不会卡在子任务上呢？

答：单核工作法的节奏是有力的工具，它让你把时间投入最重要的任务，同时照顾到优先级变化。在每个整点和半点（10:00、10:30、11:00……）设好全景闹钟，然后开始全景时段，总览地平线上的所有潜在任务：此时此刻我的时间最好用来做什么？选取当前最重要的任务，进入单核时段，单单专注于这一件事，直到全景闹钟响铃，再次进行全景总览。这就充分保证了至少每半小时对工作优先级进行检查。

问：提前做工作预估就够难了，要兑现我承诺的截止期限更是难上加难。有没有好办法让预测更准呢？

答：截止期限是在押宝：赌自己会在某个时间点之前完成某件事情，赌自己是把时间用在最好的地方。它的坏处在于没有把事情的变化和新的认知考虑进去。在单核工作法中，你只承诺你能控制的：承诺行为，而非成果。这就公平多了。承诺你会专注在这件事上，承诺你会及时向利益关系人提交反馈。单核工作法的节奏会帮你时刻看清当前所处位置和下一步最佳行动。

问：任务拆分的最好方法是什么？

答：帕金森定律告诉我们，工作会自动膨胀，占满给它分配的时间。在单核工作法中，我们为任务分配一小段一小段的时间。多数情况下，这一小段时间远远不够完成任务，而每个小段之间的休息是个极好的机会，便于我们调整当前任务的目标，甚至考虑值不值得继续做。最好的拆分任务方法是：从能够获得反馈、展示成果、获得新知的事情开始。

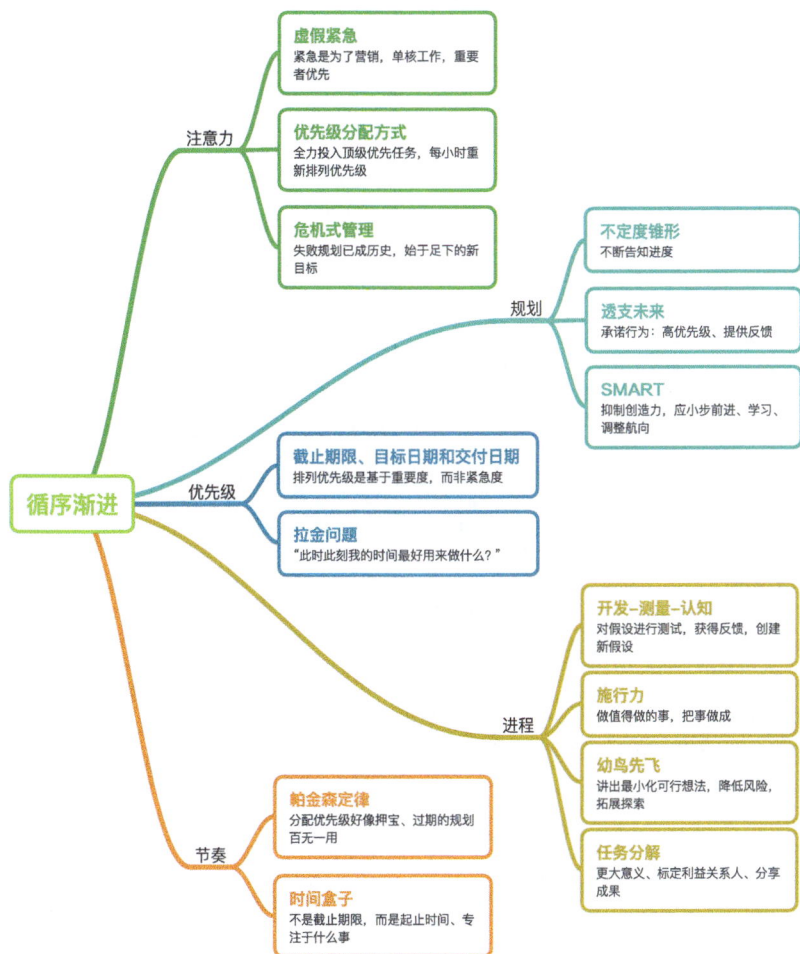

注释

[1] Zeigarnik, B. "Das Behalten erledigter und unerledigter Handlungen", *Psychologische Forschung*, 9, 1927.

[2] Lakein, A. *How To Get Control of Your Time and Your Life*, New American Library, 1974.

[3] 埃里克·里斯，《精益创业》，中信出版社，2012。

[4] *The War of the Rebellion: A Compilation of the Official Records of the Union and Confederate Armies*, Series 2 - Volume 7, Government Printing Office, 1899.

[5] Ariely, D., Wertenbroch, K. "Procrastination, Deadlines, and Performance: Self-Control by Precommitment", *Psychological Science*, 13(3), 2002.

[6] Festinger, L. *A Theory of Cognitive Dissonance*, Row, Peterson, 1957.

[7] Mittone, L. and Savadori, L. "The Scarcity Bias", *Applied Psychology*, 58(3), 2009.

[8] 亚历克·麦肯齐，《小心，时间的陷阱》，中信出版社，2012。

[9] 爱德华·德·博诺，《12 堂思维课》，华东师范大学出版社，2014。

[10] 爱德华·德·博诺，《六双行动鞋》，新华出版社，2003。

[11] Doran, G. T. "There's a S.M.A.R.T. Way to Write Management's Goals and Objectives", *Management Review*, 70(11), 1981.

[12] Surowiecki, J. *The Wisdom of Crowds*, Knopf Doubleday Publishing Group, 2005.

[13] Černe, M., Nerstad, C. G. L., Dysvik, A., Škerlavaj, M. "What Goes Around Comes Around: Knowledge Hiding, Perceived Motivational Climate, and Creativity", *Academy of Management Journal*, 57(1), 2014.

[14] Hofstadter, D. R. *Gödel, Escher, Bach: An Eternal Golden Braid*, Basic Books, 1979.

[15] McConnell, S. *Software Estimation: Demystifying the Black Art*, Microsoft Press, 2006.

[16] Parkinson, C. N. "Parkinson's Law", *The Economist*, November 19,1955.

[17] Hogue, W. D. "What does Priority Mean?", *Business Horizons*, 13(6), 1970.

[18] 阿兰·拉金，《如何掌控自己的时间和生活》，北京联合出版公司，2015。

[19] Jönsson, B. "Tio år senare: tio tankar om tid", *Brombergs*, 2009.

[20] 小弗雷德里克·布鲁克斯，《人月神话》，清华大学出版社，2015。

第 5 章
简化协作

　　即使严格从个人生产力角度而言，与他人顺利合作也是至关重要的。实际上，很少有需要单打独斗的工作，其他人常常涉及其中，例如供应方、需求方、受益方或其他形式的利益关系人。

　　富足心态是一个关键技能，让你避免焦虑、愤怒和劳而无功。有效的沟通方式可以让你有更多的可支配时间。建设性地思考问题帮你避免分歧，为可实施的最佳解决方案铺平道路。

　　本章提供了很多容易实施的实战建议，帮你处理办公室里的常见状况，例如打电话、有效聆听、回应会议邀请。只做完自己的工作还不够，你必须与同事良好地协作。

一分钟：如何做到简化协作？

五项基本概念

　　※ 富足心态是把你的时间、知识和人脉分享给同事。这不仅仅是助人为乐，他们也会回过头来分享给你。[1] 对自己面前的选项有一个全面认识可以帮你打开局面，得到双赢的解决方案。

　　※ 相处的责任我们都应该承担起来。要明白，职场中的每个人都是和你我一样的独立个体。通过认识到他们的强项和弱项

所在，我们可以更好地在协作中获益。

※ 高效会议要求你不仅仅是例行公事地逢会必到。这场会议有没有限定一项会议目的？你的贡献是否无关紧要？你自己组织会议时也要注意，如果没有清晰地描述出唯一的会议目的，就不要发出邀请。

※ 议会场合着眼于未来、以更有创造性的方式来讨论事情。永远不要为过去的事件责怪任何人，不要为核心价值观争论不休。想想从这里出发该如何往前走，是一种更有建设性的思路。

※ 透明度要求我们做到言出必践。如果这样还是落入了认知失调的陷阱，就必须后退一步，以开放的心态环顾四周，找出一条让各方共赢的新路径。

问卷

在开始脑力激荡之前，先找出你在现阶段工作当中经常遇到的"时间杀手"，给它们打钩。

☐ 互相推卸责任   ☐ 组织混乱

☐ 同事不可靠   ☐ 听而不闻

☐ 稀缺心态   ☐ 亲力亲为

☐ 会议漫无目的   ☐ 抓着权力不放

☐ 把预估当成承诺   ☐ 沟通渠道出问题

☐ 重要任务没人负责   ☐ 等待他人

☐ 漫长的电子邮件讨论   ☐ 优柔寡断

☐ 同事喧闹   ☐ 太多人一起抠细节

☐ 工作搞砸了，必须返工   ☐ 技术专家不负责任

☐ 所需信息不全   ☐ 员工不能胜任

黄瓜和洋蓟在步行街广场见面

黄瓜：阿蓟，日子过得怎么样？

洋蓟：还行吧。不过我今天刚刚搞砸了一次会议。

黄瓜：什么会议？

洋蓟：按照惯例，我们有两周一次的进度报告会。我是项目经理。今天我邀请的人只有两位露面了。

黄瓜：你邀请了多少人？

洋蓟：我每次都邀请全部项目成员，一共 18 个人。然后让他们展示进度报告，一个一个说。

黄瓜：啊，听上去这会开的时间不短。

洋蓟：第一次会议几乎全员都到场了，花了三个半小时。

黄瓜：他们对彼此的报告感兴趣吗？

洋蓟：不怎么感兴趣，因为他们的工作领域不一样。也许我应该多组织几次会议，少让几个人参加？

黄瓜：听上去是个好主意。你还可以增加会议的频率。

洋蓟：是啊。这样每次会议就可以更短，内容也更明确了。

富足心态

叶思佳心里别扭。这不光是因为她期待的提拔落了空，更令她上火的是，同事妮可获得了那个职位。稀缺心态者以零和的思维模式对待生活。[2] 叶思佳相信，如果她要赢，其他人必须输才行。

在稀缺心态中，想的全都是自己比他人如何如何。这会妨碍我们看到机会，给我们头上增加压力。在稀缺心态者看来，认可、机会和其他资源都是有限的。他们固守于已经得到的东西，在自我保护中拖延。

稀缺心态者喜欢看到别人失败，然而这并不能提高他们的生产力。也许，一次意外的打击在事后看来竟然是人生中最好的转折。问题就在于心态。你必须认识到自己面临的所有选择，不要总是按默认思维行事。寻求双赢，会让你受益匪浅。

不要放大一次挫败的负面含义。集中精力思考现在可以做什么来让生活变得更好。富足心态意味着对自己的人生负责。它会让你感到轻松和自由，觉得过往的失败远没有那么可怕。

与其试图赢得一次争辩，不如抱着同理心来寻求共同点。你唯一的竞争对手应当是你自己。把你的时间、知识和人脉分享给同事吧。这不仅仅是助人为乐，他们也会回过头来分享给你。[3]

幸运的方法

理查德·怀斯曼分析出了幸运人士遵循的四个原则：1) 他们创造机会，善于发现机会，并在机会来临时行动；2) 听从直觉；3) 乐观面对；4) 当失败时，想象事情更坏的可能性，并防止状况失控。[4]

在一项实验中，分别要求认为自己超级幸运和不幸的两组参与者数出一份报纸中出现了多少张照片。不幸者平均花费 2 分钟完成，而声称自己幸运的人在几秒钟内就得到了正确答案。

这怎么可能？好吧，翻开报纸，第二版上用斗大的字印着："别数了——这份报纸里有 43 张照片。"那些责怪外部因素的人更容易错过机会。

认为自己倒霉的心态不仅仅会影响工作成果；有证据显示，怨天尤人的情绪还会在交往中传染。当我们把个人失败归咎于其他人或事的时候，负面情绪会从一个人传染到另一个人，最终又回到你头上。[5]

很多时候，之所以把责任推给其他人或外部因素，是因为把目标定在了过于遥远的未来。你忘了千里之行始于足下，一心追求空中楼阁。因此要重视单核时段和全景时段的不同，在做事时切换这两种模式。

相处的责任

我在软件开发行业做了 25 年咨询师，见过很多人际冲突的例子。彼得·德鲁克的观点是：大多数人对同事存在误解，而且不肯承担沟通的责任。[6]

首先要明白，职场中的每个人都是和你一样的独立个体。你必须认识到他们的强项和弱项所在。每个人都有自己的方式来把事情做成。在这些个体的人际合作中，你们要寻求最适合彼此的方式。

尽管安琪和柏嘉是邻桌的同事，但他们还是合不来，各式各样的指责和埋怨在他们之间飞来飞去。主管送他们去参加了一期异常艰苦的领导力课程培训。在课上，每个人都必须敞开心扉。这起到了奇效。

其次是要担负起与同事沟通的责任。你的老板为什么给其他人付工资？其他同事所追求的产出是什么？他们的使命是什么？去问问他们吧，不然你无从得知。

我的客户玛丽曾经一度和她的经理合不来。后来她给自己立了个规矩：每次因为不满意经理的决策而感觉沮丧的时候，她会用温和而好奇的态度求教，请经理解释他的目标。这样，他们增强了同理心，学会了站在对方的角度进行思考。

有效聆听

你是一位有效聆听者吗？如果回答是肯定的，那就说明你和自以为是的大多数人一样。一次大型的跨行业调查显示，几乎所有的被调查者都认为自己的沟通是有效率的，或者认为在和同事的沟通中自己是更有效率的一方。[7]

有效聆听是一种双赢的能力。它的效果不仅仅是建立信任和认同。当我们真正理解同事想表达的重点时，做出的决策也会更加准确。如果同事错了，也应该先清楚他们的打算是什么，才有可能说服他们。

有效聆听要首先把注意力放在别人正在说什么上，而不是考虑你自己下一句如何应对。要学会克制自己，即使知道同事错了，也不要打断他们。不过，如果让对方讲完，你也许会发现闹误会的人是自己。

有效聆听的更高级技能是反映和探询。反映（reflecting）话题是指用你自己的话总结一下所听到的内容。[8] 探询（probing）则是以非评判的方式询问更多的信息。通过这些技能，在聆听的同时，你可能也在帮同事理清思路。

当你彻底清楚同事要表达的信息后，可以尝试有意引导谈话的方向，让双方共同着眼于未来。不要为价值观或者过去的事件争辩，而应该致力于共同解决现在的问题，考虑真正的选择是什么。

议会场合

　　雅敏知道，现在改换存储空间服务商会增加很多不确定因素，坏处远大于好处。然而老板还是固执己见。老板说现在的服务商在计算空间容量的时候有造假行为，而雅敏认为事实并非如此。

　　亚里士多德在两千多年前定义了三种修辞场合。[9] 带着责备的一种叫作法庭场合（forensic，司法性），指对过去的考量：服务商到底有没有造假？这种思维方式得到的结论通常是有罪，对良好决策没什么贡献。

　　第二种叫作典礼场合（epideictic，评价性）。它考虑的是现在，重点在于估价，而不是责备。雅敏的老板说她太天真，竟然相信原来的服务商会完善支持。她确实天真吗？贴这些价值观的标签对事情有帮助吗？

　　最后，亚里士多德定义了议会场合（deliberative，审议性）：着眼未来，考虑真正的选择是什么。也许其他服务商比现在这家的价格贵得多？也许造假事件可以让雅敏的公司在新合同上有更多的谈判筹码？

　　如果在讨论中发现，同事在使用法庭或典礼场合的修辞，害得大家无法做出良好决策，就请把话题拉回面向未来的选择上。[10] 不管是谁做了什么，也不管是如何走到这一步的；从现在这里起步，下一步最好怎么走？这才是建设性的决策思路。

本杰明·富兰克林效应

有趣的是，如果我们帮了某人一个忙，将来就更有可能会再帮他一次。这种效应甚至可能要比滴水之恩涌泉相报的意愿更强大。请求别人的帮助，对方会感觉受到了认可和尊重。

本杰明·富兰克林早在 1737 年就利用了这一效应。当时有位宾夕法尼亚州议员是富兰克林的死对头。于是富兰克林别有用心地求借议员收藏的一册珍本书。下次再见面时，这位宿敌破天荒地开口和富兰克林说话，而且彬彬有礼。此后他们成了永远的朋友。[11]

1969 年的研究也证实了这个效应。实验把智力竞赛的获胜者们分为三组，分别要求他们把奖金还给资金困难的研究员，还给研究机构，以及自己保留。在稍后进行的调查中，被要求把奖金还给研究员的那一组对研究员给出的评价最高。[12]

一个人在观察自己的行为时，会为自己找理由：我帮了某人一个忙，但不知道为什么，那我一定是因为喜欢这个人才这样做的。在这一系列思路影响下，我们内心"负面态度"和"帮人一把"之间的认知失调就消除了。

假设有这样一位同事或者利益关系人，每次都对你的提议持反对意见。这时，你需要识别他的专业领域所在，在其专业和你兴趣的交集内找一个问题，请教他的建议。无偿帮了你这个忙以后，他会对你产生更强的同理心。

沟通带宽

你的任务悬而未决，需要一位同事提供某些信息才能继续。你发出一封电子邮件索要信息，第二天得到了回答。不幸的是他误解了你的问题，回信内容与任务完全无关。

在信息的丰富程度上，不同的沟通方式存在着等级差别。我们可以进行一个阶梯式比较。初级沟通要花的力气最少，但是误会的风险较高；向上爬几级台阶，视野会更宽广，但要花的精力也多。

沟通的梯级顺序是这样的：1) 照章办事；2) 单向文本，例如电子邮件；3) 即时消息；4) 打电话；5) 视频会议；6) 面对面；7) 面对面配合使用白板等绘图工具。

沟通渠道的有效利用也很重要。在发送一封电子邮件之前，分析一下你真正想要找的是什么信息，把它作为问题写在电子邮件的主题里。在邮件正文中，只添加必要的澄清或者背景信息。

在《哈佛商业评论》的一次调查中，多达 69% 的人觉得面对面是理解客户的最好方式。[13] 另一方面，要实现更高层级的沟通，势必会花费更多的时间和精力。最好的策略是通过初级方式达到沟通目的，同时避免可能的误会。

鸡尾酒会问题

我们投入在一位演讲者身上的注意力很容易受到干扰，特别是当听到旁边还有别人聊天而且觉得聊天内容重要的时候。在办公室大环境中，有同事在与其他人的谈话中提到了你的名字，你就会侧耳细听他们在说什么。

通过直接记录大脑的活动，研究人员发现，大脑用于处理声音信息的部分既能够抓住你专注聆听的语音，同样也能抓住那些你想忽略的语音。但是到了大脑处理语言的部分，要忽略的语音就不会被注意到。[14]

科林·谢里发明了鸡尾酒会问题这个术语，用来描述人类在专注于一个人的谈话时屏蔽掉同一个房间里所有其他对话的能力。[15]对于工作记忆容量较小的人来说，"顺风耳"的坏习惯害处更大。[16]

研究还显示，在面临干扰的时候，平常不进行多任务处理的人表现出了更强的意志力，能够更有效地分配注意力。尽管多任务处理者可能自认为比单核工作的人强，但他们在实际测试中的表现却较差。[17]

在只讨论单一主题的环境中才能进行有效的谈话。如果即将进行的讨论需要较多的反观和分析，那就安排一次会议。把会议场所定在不受其他有趣话题干扰的地方。一起出门散个步也不错。

组织会议

　　会开得太多，效果就是事倍功半。[18] 原因很简单，与会者的准备都不到位。先分清楚，这是一次研讨会、决策会议，还是单向的信息发布会？最好在会议邀请中加以说明。

　　千万不要让一场会议承载多重目的，开会就是要回答某一个待决问题。如果在研讨会或者决策会议中请来超过 5 个人，就暗示这次会议有多重目的。这样就会有人闲着，等待他们的议题进入讨论。

　　决策会议永远不要超过 15 分钟，经常更短。如果与会者需要更多时间，要么是因为你的会议议题太多，让某些人闲着了；要么是把研讨会和决策会议放在了一起；要么就是会前准备不足，缺乏制定决策的基础。

　　研讨会就是用来准备决策基础的会议。研讨会可能要花几个小时，如果中间穿插多次休息，还是可以保持生产力的。至少每小时给大家 10 分钟时间伸伸腿，让大脑充充氧。设置一个闹钟，响铃的时候立刻停下。

　　环境也是影响会议产出的重要因素。不要把大家召集到摆着一张大桌子的会议室里。在站立会议中作决策，效果是最好的。[19] 把研讨会安排在咖啡厅或者室外散步时进行，可以提高创造力。[20]

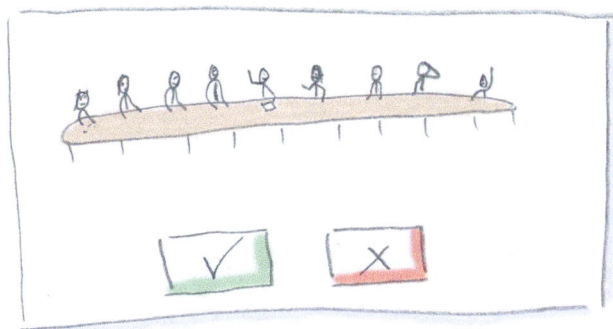

接受邀请的条件

太多的会议会把可支配时间吃光。在会上，你承诺接下任务，但却没有时间做。因此必须找到平衡，只参加应该参加的会议。收到邀请时，可以借助一份条件清单决定是否参加。

在答应参加会议之前，要明白它是一次研讨会、一次简报，还是一次决策会议。三者混合的会议很难有效率。决策会议必须有拍板作决定的权力，并且提前准备好几个清晰的选项。

这场会议的目的是什么？会议的召集人期待什么产出？如果有多个目的，也许组织者可以把会议拆成几个。如果在邀请中没有说明会议目的，要先问清楚。

某些项目经理有一个坏习惯，就是请很多人参加事后情况说明会。参与者们都要等着轮到自己，对工作进度进行摘要性说明。这简直是在浪费公司的金钱。这类谈话放在你和经理一对一的场合下会更有效。

目的分散、参与者众多、占据好几个小时……这些都降低了会议的产出。在开会这件事上，帕金森定律经常得到证实——工作会膨胀到占满所分配的时间。[21] 在接受邀请前先掂量掂量，列出你的接受条件。

打电话

　　某些任务的时间长短是你很难自己控制的。打业务电话当然不能放在时间盒子里做。电话打到一半，你总不能跟对方说："因为全景闹钟响了，所以我要马上挂断。"这样做既没什么好处也不礼貌。

　　对于类似打电话这样不可拆分的原子任务，必须把它和预备工作、后续工作区分开来。在打电话之前，先舒服地坐下来，在手边准备好纸笔和日历。最重要的预备工作就是写下通话目的。

　　打电话的目的总是要获得某些信息。即使身为信息提供者，你也是在寻求确认，看接电话的人是否理解和接受你的信息。写下1~3 条待决问题，然后再打电话。这些问题就是你打电话的目的。

　　注意别跑题。别因为担心对方的反应，就一直顾左右而言他。在打电话期间做好笔记。你必须立即写下对待决问题的回答，双方分别承诺做什么任务，以及安排好的约会时间。

　　保持通话简短。如果已经得到了想要的信息，就进行总结并有礼貌地挂断。紧接着，把答应的事情写进集草器清单，把约会写进日程表。如有必要，给对方发一封电子邮件跟进。

如实预估

　　"我们要找一家新的 IT 服务商，需要对业内几家主要服务商进行评估。完成这件事需要多长时间？注意检查一下，看咱们能不能购买量身定制的服务。两周内这事就得定下来。"老板显然替你给任务作了预估。

　　利益关系人要根据你的预估来做出决策，但假如发现早期预估并没有什么价值，他们又会怎么做呢？基于模糊的知识来猜测，会产生粗劣的预估。由此造成了利益关系人对时间、成本和规模的预计都只是一厢情愿。

　　如果早期预估被当成承诺，我们最后就会落入三重限制陷阱。在获得足够的知识之前，时间、成本和规模就被锁定了。这诱使我们去做之前答应做的任务，而不是稍后出现的最重要的任务。

　　很多任务是难以进行预估的。它们可能进展较快，也可能花费更长时间。在这些任务完成之前，我们不知道它们到底是大是小。不过，三重限制陷阱的怪圈也是能被打破的。先完成一项子任务，我们就有了更多知识。

　　要把谈判关系转化为协作关系。当利益关系人替你做出靠不住的预估时，你可以提议先从一个子任务开始。完成这项子任务后，你再和利益关系人一起预估。如实预估可以提高透明度，让事情的进展更可预测。

一图胜千言

我参加过一次会议。会上三个人一遍遍地重复他们的论点,火药味十足。看上去大家对其他人的立场都不理解,彼此充耳不闻。这时,年轻的蓓珍小姐起身走向白板。

事情有时很难说明白。我们都可能经历过各式各样的误解。视觉化在传递抽象想法时特别管用。使用韦恩图、折线图、流程图等工具,可以准确描绘出那些难以用语言表达的事情。

不要强求把所有事情都纳入图表,也不必画得多精确,有个大概就行。追求精确会把注意力转向准确度,而不是想法本身。要表达受到误解的地方,最好画两张不一样的图,别在一张图上改。[22]

在《餐巾纸的背面》这本佳作中,丹·罗姆告诉我们如何快速将一个商业想法用视觉展示出来。画这种图不需要艺术天分。针对"什么人、什么事、定量、定时"等问题,画图有利于快速抓住重点,找出解决之道。[23]

蓓珍小姐抓起白板笔开始画图,她在三张图表下面分别写了一位争辩者的名字。每个人都安静了。罗兰先生说:"现在我理解你们的意思了。我同意,而且发现你我的立场并没有冲突。"

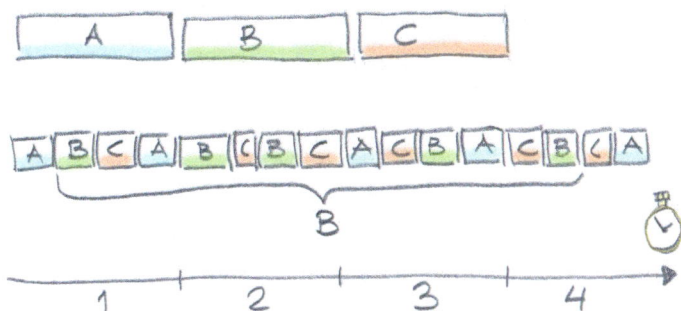

问题排队时间

　　"我们所做的只是盯住时间线，"精益生产的创始人大野耐一这样说道，"从客户给我们订单的那一刻开始，直至我们收到现款为止。通过消除对价值无益的浪费，我们缩短了这条时间线。"[24]

　　你给公司里负责数据挖掘的同事发了一封邮件，请他提供一些统计数据，用来完成你正在做的报告。两天后你收到了回复，但不幸的是对方把需求理解错了。你又给他发了一封邮件，又等了两天。

　　问题排队时间指一个问题等待答复过程中的滞留时间。这段时间容易让人心灰意懒，会积压更多未完成工作的库存。我们为了充分利用等待时间，还会试图同时抛出很多球，从而导致任务切换，效率变得更低。

　　假设有 A、B、C 三项任务，每一项都需要 1 周时间完成。如果不间断地依次处理，加起来总共需要 3 周。它们的平均交付周期是1.5 周。如果进行任务切换，可能总共要花 4 周时间，而平均交付周期则会变成 3.5 周。[25]

　　在任务的进展不受你左右的时候，别安于现状。尽早与那些拥有所需知识的人沟通。对于关键问题，不要容忍长达数天的回复周期，而是直接给对方打电话；如果条件允许的话，面谈更好。

临场失误

有时连经验丰富、本领高超的同事也会在看似寻常的情况下被压力困扰。例如在一次例会上，你的队友显示了强烈的负面情绪，即使他已经参与过很多次这样的会议。

你在一生中已经读过很多书刊报纸，不需要特意思考如何阅读也能做到。那么想象有一万人正在听你读书，而不幸的是，你的书是上下颠倒的。现在你卡壳了，一个字也读不出来。

在读书上输给三岁的孩子，原因是程序性记忆操作失灵以及面临重重压力。[26] 这一现象通常被称为临场失误（choking）。它可能导致强烈的下意识反应，例如气愤、挫败和紧张。[27]

就像上下颠倒的书破坏了你的阅读技能，这位同事也遇到了某些障碍，无法通过潜意识完成之前做过很多次的事情。在强烈的情绪反应下，他无法做出理性推理和明智决策。

千万不要以情绪化回应情绪化的人，那样只会让他更激动。休息一下或者聊点别的，分散他的注意力。等到他平静一些，再尝试理解他的目标和意图。[28] 找出他对这件事大动肝火的原因：到底有哪些利害冲突？

认知失调

我的客户诗兰告诉我，虽然她积极主动、卖力工作了两个月，可换来的却是同事们的炮轰。他们说她没有按照大家讲定的方向做事，擅自调整了工作方向，没有和团队同步。

我们的头脑不喜欢两个冲突的想法同时存在，这就是认知失调。[29]在我们的行动方式与自我认知出现矛盾的时候，我们就会觉得不舒服。诗兰觉得自己并不愚钝，但也知道同事的指责是对的。

面对批评，诗兰觉得同事们应该感谢她为这件事付出了那么多心血。[30]陷入认知失调让人愈发觉得事情和自己休戚相关。我们不是改变自己的行为，而是试图为自己辩护，想要改变认知失调的一个方面。

诗兰本来还等着被夸奖。现在她害怕输掉这场争斗会让同事更不信任自己。对于未来的负面事件，我们常常会过高估计自己负面情绪反应的强度和时长。[31]

在我的建议下，诗兰把同事们请来，寻求大家的建议。当时她心里相当紧张：这次的积极主动会让团队何去何从？事实证明那场会议很有建设性，队友和诗兰很快取得一致，确定了下一步的工作。

简化协作：小结

问：等别人回复电子邮件怎么会导致多任务切换呢？

答：你开始写一份商业报告，但发现还需要一些图表数据补充文字。到了第二天，数据挖掘部门的同事还没给你回邮件。你不得不在报告还没完成的前提下开始一项新任务。

问：怎样才能快速得到答复？

答：在信息的丰富程度上，不同的沟通方式差着好几级。级别最高的最花精力，但可以立即获得细节信息——在白板前面对面沟通。发送文字信息可能是最慢的方式。

问：有时候面对面开会也没成效，这是怎么回事？

答：一次会议只解决一个主要问题。要明确规定这次会议是决策会议、研讨会还是信息发布会。如果是决策会议，确保与会者有足够的权力，在会前预备好所有的选项。

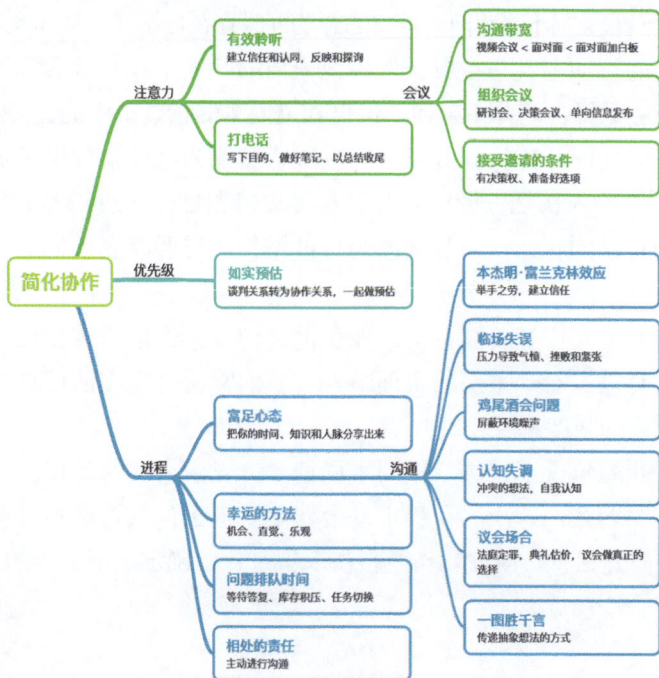

注释

[1] Černe, M., Nerstad, C. G. L., Dysvik, A., Škerlavaj, M. "What Goes Around Comes Around: Knowledge Hiding, Perceived Motivational Climate, and Creativity", *Academy of Management Journal*; 57(1), 2014.

[2] 史蒂芬·柯维,《高效能人士的七个习惯》,中国青年出版社,2015。

[3] Černe, M., Nerstad, C. G. L., Dysvik, A., Škerlavaj, M. "What Goes Around Comes Around: Knowledge Hiding, Perceived Motivational Climate, and Creativity", *Academy of Management Journal*; 57(1), 2014.

[4] 理查德·怀斯曼,《正能量 2:幸运的方法》,湖南文艺出版社,2013。

[5] Fast, N. J., Tiedens, L. Z. "Blame Contagion: The Automatic Transmission of Self-serving Attributions", *Journal of Experimental Social Psychology*; 46, 2010.

[6] Drucker, P. F. "Managing Oneself", *Harvard Business Review*, March-April, 1999.

[7] Haney, W. V. *Communication and Interpersonal Relations: Text and Cases*, R. D. Irwin, 1979.

[8] Rogers, C. R. *Client-centered Therapy: Its Current Practice, Implications, and Theory*, Houghton Mifflin, 1951.

[9] Aristotle. *Rhetoric*, Courier Corporation, 2012.

[10] Heinrichs, J. *Thank You for Arguing: What Aristotle, Lincoln, and Homer Simpson Can Teach Us about the Art of Persuasion*, Three Rivers Press, 2007.

[11] 本杰明·富兰克林,《富兰克林自传》,译林出版社,2012。

[12] Jecker, J., Landy, D. "Liking a Person as a Function of Doing Him a Favour", *Human Relations*; 22(4), 1969.

[13] "Managing Across Distance in Today's Economic Climate: The Value of Face-to-Face Communication", *Harvard Business Review*, 2009.

[14] Zion Golumbic, E. M., Ding, N., Bickel, S. et al. "Mechanisms Underlying Selective Neuronal Tracking of Attended Speech at a 'Cocktail Party'", *Neuron*; 77(5), 2013.

[15] Cherry, E. C. "Some Experiments on the Recognition of Speech, with One and with Two Ears", *The Journal of the Acoustical Society of America*; 25(5), 1953.

[16] Conway, A. R. A., Cowan, N., Bunting, M. F. "The cocktail party phenomenon revisited: The importance of working memory capacity", *Psychonomic Bulletin & Review*; 8(2), 2001.

[17] Ophir, E., Nass, C. Wagner, A. D. "Cognitive Control in Media Multitaskers", *Proceedings of the National Academy of Sciences*, August 24, 2009.

[18] "Employees in the U.S. Waste Up To 30 Percent of Work Week on Status Meetings", www.clarizen.com, February 9th 2016.

[19] Knight, A. P., Baer, M. "Get Up, Stand Up: The Effects of a Non-Sedentary Workspace on Information Elaboration and Group Performance", *Social Psychological and Personality Science*; 5(8), 2014.

[20] Vohs, K. D., Redden, J. P., and Rahinel, R. "Physical Order Produces Healthy Choices, Generosity, and Conventionality, Whereas Disorder Produces Creativity", *Psychological Science*; 24(9), 2013.

[21] Parkinson, C. N. "Parkinson's Law", *The Economist*, November 19,1955.

[22] McCay, J.T. *The Management of Time*, Prentice-Hall, 1959.

[23] 丹·罗姆,《餐巾纸的背面:一张纸 + 一支笔,画图搞定商业问题!》,中信出版社,2009。

[24] 大野耐一,《丰田生产方式》,中国铁道出版社,2014。

[25] Poppendieck, M., Poppendieck, T. *Implementing Lean Software Development: From Concept to Cash*, Addison-Wesley Professional, 2006.

[26] Beilock, S. L. and Carr, T. H. "On the Fragility of Skilled Performance: What Governs Choking Under Pressure?", *Journal of Experimental Psychology*; 130(4), 2001.

[27] 艾伦·巴克,《超级问题解决术:如何将棘手问题转化为明智决策》,人民邮电出版社,2016。

[28] 丹尼尔·戈尔曼,《情商:为什么情商比智商更重要》,中信出版社,2010。

[29] Festinger, L. *A Theory of Cognitive Dissonance*, Row, Peterson, 1957.

[30] Aronson E. and Mills J. "The Effect of Severity of Initiation on Liking For a Group", *Journal of Abnormal and Social Psychology*; 59, 1959.

[31] Wilson, T. D., Gilbert, D. T. "Affective Forecasting: Knowing What to Want", *Current Directions in Psychological Science*; 14(3), 2005.

第 6 章

给创意充电

生产力不仅是用正确的方式做正确的事。同等重要的是准备好心智和身体，以取得最佳表现。世界上最强的大脑在疲劳时也会犯错。你今天做的事情会决定明天的生产力。

经常休息可以让你的潜意识有机会发挥创造力。睡眠、锻炼和健康饮食能帮助整个身体保持每天的动力。思考的时候拿支铅笔，可以弥补我们大脑工作记忆的不足。

本章展示的研究成果说明了，想要高效工作时，珍惜我们的能量储备有多么重要。停一步海阔天空和快速眼动与记忆编码解释了我们可以怎样成为更有创意的人。

一分钟：如何做到给创意充电？

五项基本概念

※ 经常休息不仅可以让大脑歇口气，还能够激活潜意识思维的创造力。当你休息回来时，经常会有很棒的新想法。

※ 充氧的大脑是我们散步或运动时得到的效果。研究发现，成人如果每周进行 150 分钟的身体锻炼，就更不容易在白天昏昏欲睡，也更不容易出现注意力涣散的情况。[1]

※ 健康饮食会影响到我们思维、创意和正确记忆的能力。那些
快速释放葡萄糖的食物会让我们的能量忽高忽低。水果、蔬
菜、全麦食品和适量摄入的蛋白质能产生更稳定的输出，给
大脑持续提供能量。

※ 充足睡眠的原则已经被证实可以提高生产力、减少犯错。睡
眠不足还意味着失去了快速眼动睡眠时间，导致难以完成记
忆编码，无法对新记忆进行删除和整理。

※ 思考的时候拿支铅笔 [2] 能够补充我们极度有限的工作记忆。
大脑的结构天生不适合同时思考两件事情，而写下来的笔记
更有利于前瞻记忆对问题进行处理。

问卷

在开始脑力激荡之前，先找出你在现阶段工作当中经常遇到的
"时间杀手"，给它们打钩。

❑ 三小时的会议中间没有　　❑ 智能手机消息通知
休息　　　　　　　　　　❑ 出差旅行
❑ 午餐　　　　　　　　　　❑ 追求完美
❑ 身体缺乏锻炼　　　　　　❑ 同事犯懒
❑ 茶歇　　　　　　　　　　❑ 缺少睡眠
❑ 社交活动　　　　　　　　❑ 开会到很晚
❑ 计划外的会议　　　　　　❑ 视频会议设备不好用
❑ 同事的喧闹　　　　　　　❑ 不健康零食随手可得
❑ 错过午餐　　　　　　　　❑ 星期六总加班
❑ 缺少运动设施　　　　　　❑ 中午餐厅提供的垃圾食品
❑ 会议漫无目的

黄瓜和洋蓟在素食餐厅相遇

黄瓜：嘿！阿蓟，一切都好吧？

洋蓟：最近发生了好多事情，我现在精力不足。今天开会的时候差点睡着了。

黄瓜：昨天晚上加班了是吗？

洋蓟：我昨天半夜才离开办公室。这星期一也是。

黄瓜：你不能不睡觉啊。

洋蓟：对啊，这是一个恶性循环。我晚上干活越晚，第二天表现就越差，然后又要很晚下班来作为补偿。

黄瓜：你锻炼吗？

洋蓟：我过去常在午餐休息时慢跑一阵，但那样会耽误吃饭。我肚子很饿，然后就在整个下午胡吃海塞一些零食。锻炼没有让我精力充沛起来。

黄瓜：试试走楼梯上楼，别用电梯。走楼梯其实也很快，而且能给你的大脑充氧。

洋蓟：好办法。

黄瓜：我经常做的另一件事是，把车停在离公司两公里的地方，然后走过来。

洋蓟：我也会试试这个办法。上班走两公里、下班走两公里，效果肯定是极好的。

特克斯勒消逝效应

瑞士医生伊格纳茨·保罗·维塔尔·特克斯勒在 1804 年发现了一个视错觉现象。[3] 试试盯住上图中心的小圆圈。开始时你还能看到两边灰色的弧线，然而定睛几秒钟后，弧线就消失了。

大脑的结构决定，它不会持续关注一成不变的事物。上面的实验就是一个例子。有趣的是，这正是应该经常休息的理由之一。如果长时间专注于同一项对大脑具有挑战性的任务，神经会感觉无聊，我们也会心猿意马。

亚历山德罗·利拉斯和有贺敦纪进行了一项研究，请研究对象在一项重复的计算任务上专注 40 分钟；同时还要求他们，如果在屏幕上看到四个给定数字中的任何一个，就按下按钮。后面这项任务是记忆任务。

针对第一组，数字直到时间快结束时才出现。这一组在重复任务上的表现随着时间推移而明显下降。第二组的数字会时不时地在屏幕上出现。这一组的表现没有随着时间推移而变差。[4]

利拉斯与有贺提出，认知控制系统无法在较长时间内维持同一个行动目标。面对长期任务时，强制自己经常进行短暂的休息，可以给大脑换换节奏。休息能够帮助我们保持专注。

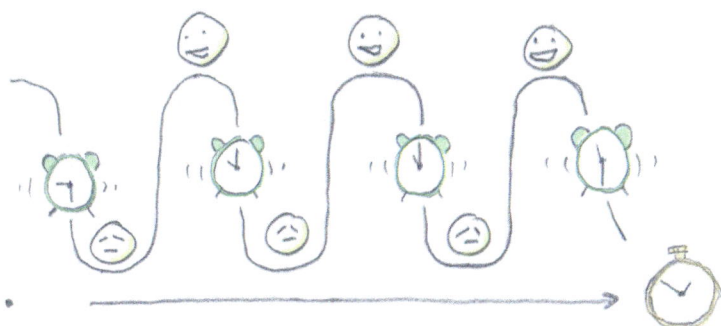

基本休息 – 活动周期

生产力意味着执行最重要的一项任务，并且只专注于这一项任务。人类不像机器：机器能够以同样的速度和同样的品质长时间持续不断地运作；而人类最理想的表现是周期性的，在能量爆发时工作，然后深度休息。

发现快速眼动睡眠现象而且将其与做梦联系起来的纳瑟尼尔·克莱特曼 [5] 表示，人们在白天的清醒状态也存在同样的周期性能量变化。我们的心智能量可供 90 分钟工作使用，然后就需要休息。[6]

克莱特曼把这称为基本休息 – 活动周期（basic rest-activity cycle，BRAC），而 K. 安德斯·埃里克森在 30 年后也有类似发现。世界上很多顶尖的运动员、音乐家和作家都特意采用 90 分钟的工作时段，而且在工作之间进行较长的休息。[7]

糖分和咖啡因可以破坏这些自然周期，让原本设计用来处理紧急状况的压力荷尔蒙充满我们的身体。借助它们，我们或许能延长注意力时长；但是此时大脑处于"或战或逃"模式，解决问题的能力会比较差。[8]

专注的时长定为多少最佳呢？90 分钟？25 分钟？我认为没有一个魔术数字可以应对这个错综复杂的世界。然而根据个人经验，除非经常把自己完全和工作断开进行休息，否则就没办法保证可持续的步伐。休息是必需的。

坐以待毙怎么行

苏格兰流行病学家杰里·莫里斯曾经寻找过心脏病发作的原因。他在 1953 年的研究表明，对于社会经济地位相同的两份职业，人们的健康差别却很大。伦敦公交车司机心脏病发作的可能性大约是售票员的两倍。[9]

每星期进行一次高强度锻炼没什么用，问题出在久坐本身。长期坐着会增加罹患心脏病、糖尿病和癌症的风险。光是站起来也还不够，肌肉必须得到使用。[10] 你需要在办公室里走一走或做一做蹲起。

随身带计步器。每次小憩回来，写下你在这期间走了多少步。这样在一天结束的时候，你就会得到一系列数字。有几个数字就对应着休息了几次。每天坚持记录，并且拿今天的数字与历史平均数字进行比较。

短途散步的时间非常适合用来清理思绪，让潜意识思维浮现，为当前困扰的任务带来创造性的解决方案。大脑得以充氧，你再回到办公室时也更加身强体健、活力充沛、妙计百出。

有证据表明，可站立工作台能提高生产力。总共站了多少小时不是最重要的，重要的是它提供了坐立姿态切换的机制。使用可站立工作台工作一个月之后，生产力会获得持续的改进。[11]

充氧的大脑

体育锻炼不仅会让身体更健康，还能增强认知功能，减少与年龄相关的智力衰退的风险。[12] 有大量研究显示，爱运动的孩子学业表现也更好。[13]

锻炼身体好处多多，其中一项是改善睡眠。研究发现，成人如果每周进行 150 分钟的身体锻炼，就更不容易在白天昏昏欲睡，也更不容易出现注意力涣散的情况。[14]

锻炼会提高血压，促使血液流经身体各处，包括大脑。更多血液进入大脑，会带来更多氧气。氧气是我们大脑的燃料。这就是锻炼能让大脑更灵活的原因。

户外运动似乎还会提高创造力。因此，在两天的远足之后，人们做词语联想和技能测试的表现比去远足之前更好。[15]

锦上添花的一点是，清理意识思维还可以激活有创造力的背景思考。虽未经科学验证，但以我个人的经验而言，在中午散步 15 分钟可以起到奇妙的效果，给难解的问题找出新办法。

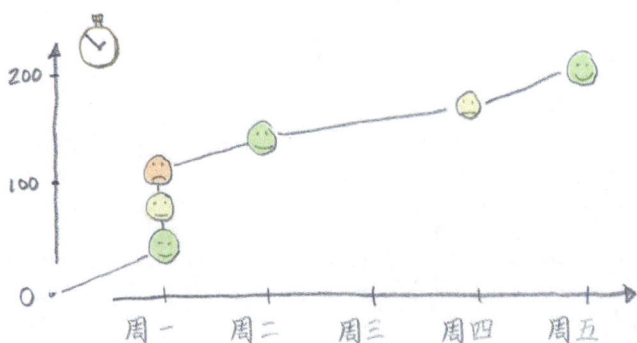

创意散步

你感到才思枯竭了。一周以前，事情看上去还是易如反掌，后来却发现千头万绪、摸不着头脑。利益关系人还在翘首期盼你的财务报告。简单有效的解决方案是出去溜达溜达，最好能亲近大自然。

走出房门，行走在远离都市喧嚣的环境中，有激荡心怀的效果。[16] 在室外会接触到环境中的多种刺激，例如气味、树木、陌生人、鸟雀、和风，等等。你还可以试着发现没走过的路，而且路线越复杂效果越好。[17]

一项实验是对参与者进行两次创造力测试分别在端坐和走路时进行。根据坐和走的不同组合，将参与者分成四组。先参加走路测试的两组总分最高，两次都端坐测试的一组总分最低，而先坐后走的一组在第二次测试中的分数提高了。[18]

当我们心情不好时，走一走的好处甚至会翻倍。几项研究指出，久坐会造成正面情绪减少。[19] 在通常情况下，锻炼会让正面情绪显著提升。[20]

视觉化可以帮你记住定期散步。在工作间隔板上贴一张图表，横坐标是一周中的每一天，纵坐标是本周累计散步的分钟数。每次散步回来都手动更新这张图表，在那一天相应的分钟数上加一枚表情图标。

不对路的午餐

有一种快速损害生产力的方法是一天到晚吃糖果和甜点、喝汽水，因为这样会造成血糖水平忽高忽低。如果午餐再加上一些高热量食物，例如汉堡和油炸品，情况还会更糟，让我们在下午昏昏欲睡、反应迟钝。

针对美国职场超过两万人的一项研究发现，在工作日饮食更健康的人有较好工作表现的可能性要高出 25%。仅仅在一周里吃 5 次水果和蔬菜，就会让他们生产力提高的可能性增加 20%。[21]

一项调查甚至显示，每天多吃水果和蔬菜的人更快乐，做事更投入，也更有创造力。[22] 多吃一些健康的零食，可以减少在午餐前大脑能量耗尽的危险。

不幸的是，大脑在能量水平降低时，做出的决定会不太明智。在饥饿状态下，我们更偏爱巧克力蛋糕而不是水果沙拉。[23] 要避免这种情况，你应当在早晨计划午餐吃什么，因为那时刚经过休息，大脑处理事情游刃有余。

保持稳定的血糖水平有利于我们控制注意力，稳定情绪，应对压力，抵抗冲动。[24] 在办公桌上常备一些水果，你会注意到自己对咖啡和不健康零食的需求会自然减少。

八小时外的压力

如果突然有事，老板和客户能在夜间和周末及时找到你吗？如果"保持在线"会导致白天正常工作时间的效率变差，那我们不就是害了自己吗？全天 24 小时可达的通信技术确实存在，但是使用这种科技真的好吗？

经过分析，让·德特默和他的研究团队明确了有效恢复精力的两项影响因素。首先，要清晰界定工作和休闲。其次，在休息时我们应当有权力决定去哪里、做什么，享受真正的自由。

这项研究要求参与者在两个星期中分别采取两种截然不同的生活方式。研究者通过测量他们唾液中的皮质醇含量来判断压力水平。参与者有一周必须整晚都处于待命状态，另一周则可以在夜晚有真正的休闲时光。结果你可能猜到了，处于待命状态的参与者在早晨测得的压力水平更高。[25]

应当注意，弹性工作时间与始终待命的状态是有区别的。弹性工作时间和远程工作可以增加员工的控制感，对某些工作有好处。[26]但是如果连一个自由自在去郊游的完整休息日都享受不到，灵活就变成了压力。

确实存在一些情况，即使下班了也必须让人能找到你。但如果你在某天晚上或者周末打开了联系通道，那接下来就应该确保第二天晚上没有这种需求，可以关掉手机。戒绝通知消息，精力才能得以恢复。

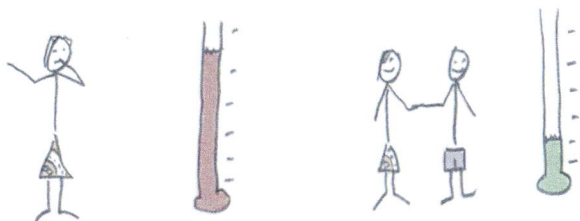

社交激励

虽然只占成人体重的 2%，大脑的能量消耗却高达总体的 20%。假如我们不和人来往，独自工作、独自休息，是否就能尽量降低大脑的能量消耗了？可能不行。

我们假设休息状态的大脑处于基准模式（或称为默认状态），此时的大脑活动只限于某些区域。在此基础上，处理任何目标导向的任务时，大脑都会在基准模式上叠加更多的活动。然而，真实情况并非如此简单。

一项实验要求已婚女性分别在自己独处、与陌生人牵手或与丈夫牵手的状态下遭受轻微的电击刺激。相比与丈夫牵手，独处或与陌生人牵手的女性在遭遇电击时，大脑活动增加得更多。[27]

大脑在进化过程中学到一件事：如果没人帮忙，就得自己解决所有问题。但如果和认识的人在一起，我们就会依赖于合作互利的想法，从而放松自己，节省大脑的能量消耗。

因此，你也许应该在休息的时候给朋友打个电话，找办公室的同事喝杯咖啡也不错。休息过后再次开始工作的时候，节约的脑力就派上用场了。

加班的恶性循环

在一个老故事里，天真的小孩问妈妈："为什么爸爸每天晚上都带着满满的公文包回家？"妈妈说："爸爸有很多事要做啊，他上班时做不完。"于是孩子建议："那他们应该把爸爸调到慢班去。"[28]

卡洛琳·伯德和托马斯·雅奇提出了这样的疑问：到什么时候，我们才能根据工作成果来评价工作，而不是根据所花的时间？如果每周的工作时间少于 40 小时，某些人也许能发挥更大的作用。[29]所完成任务的价值并不等于你花在上面的时间。

研究明确表明，加班造成的压力会引起消化不良，抑制免疫系统功能。[30]今天多工作几小时，是在欠下明天的健康债。有些问题是需要用创造力来解决的，对这类问题如果专注得太厉害，反而会妨碍发挥。[31]

亚历克·麦肯齐说，人们有一个误区：以为自己工作越努力，能做完的事情就越多。这样，为了应对不安全感，人们就会频繁采取给自己加压的手段。正如法国骑兵的座右铭：如果有疑问，就驰骋吧！[32]一天中的第九个工时绝不会和第一个工时一样有那么高的生产力。

在极端情况下，超时工作可能会贡献一些有价值的东西；但可以确定的是，将来你必须照价偿还，外加利息。健康恶化和生产力低迷都是持续加班者要面临的风险。

停一步海阔天空

"尤里卡！尤里卡！[33]" 古希腊学者阿基米德一边高喊着他这句著名的惊叹语，一边跳出浴缸，光着身子跑过锡拉库扎的街道。在灵光一现中，他找到了测量不规则物体体积的方法！

你已经对一个问题如何解决有了模糊的想法，但无法看清目标。也许你的想法是条死胡同，必须把它从脑海里赶走，不让它再回来。这样才能腾出空间，让其他类型的解决方案出现。这就是创造性思维的工作方式。

僵局状态是指一个想法阻碍了对未知解决方案的探索和发现。计算机模拟表明，触发这种情况的原因是你把问题和各种各样的记忆关联起来了。[34] 如果有太多条路摆在面前，大脑只会试图走最近的那条。[35]

尝试通过更加努力思考来打破僵局，是错误的策略。[36] 听到朋友在哼着"你比四环多一环"，岳云鹏的面孔在你脑海中浮现，但你当时唯一能想起的名字是小沈阳。你知道这首歌不是小沈阳唱的，可是这个名字塞住了思路。

首先必须学会识别僵局。一旦遇到久攻不下的问题，就应该抽身出来，去公园散个步或找同事寻求第二意见。这样可以让我们的潜意识运作起来，从更深远的记忆空间里射出破局的导弹。

快速眼动与记忆编码

睡眠分为两大类型：快速眼动（rapid eye movement，REM）和非快速眼动（non-rapid eye movement，NREM）。人们通常会在一夜好眠中完成 4~6 个周期循环。每一次周期开始于 NREM，随后是 REM。循环一次的时间大约是 90 分钟。

REM 是我们做梦的时间，此时大脑会对白天收集的印象进行排列和归档。与 NREM 不同，大脑在 REM 阶段消耗的血糖和氧气与清醒时相当，甚至更高。左右脑半球在 REM 睡眠期间会出现更多的交流。

夜里的第一次 REM 持续几分钟，然后一次比一次长。在清晨的最后一次可以长达 1 小时。在 REM 期间，我们的肌肉放松，呼吸急促，血压升高。顾名思义，REM 的特点就是眼球会任意转动。

对记忆进行编码是长期复杂的记忆形成过程的第一步。要完成这项工作，睡眠是必需的。某些记忆被保留，某些被忘记。远期和近期的记忆会合并起来，归为新的知识保存。[37]

REM 会带来新的见解，支持我们的前瞻记忆，并将白天感知到的一些无谓的噪声排除在外。如果将每晚的睡眠缩减到 6 小时或更短，就会失去最长的一次 REM 时段。没有 REM，我们会变得健忘而迟钝。

瞌睡的危害

据美国国家公路交通安全管理局估算，在美国每年因睡着或困倦导致的交通事故造成的伤亡超过 10 万人。[38] 睡眠不仅是每天必要的休止时段，还是实现生产力的关键因素。睡眠给我们能量，让我们得以整理记忆。

缺乏睡眠带来的影响与酒精的损伤不相上下。一项科学研究发现，如果连续 17~19 小时保持清醒，人们的认知水平会非常低，达不到很多国家安全驾驶的标准要求。[39]

还有证据显示，缺乏睡眠会损害领会新信息的能力。[40] 这自然会对决策能力产生负面影响。当你不能深刻理解人们说话的含义时，就无法将他们的观点纳入考虑之中。

一些研究结果还表明，缺乏睡眠的人更容易违反规则，对待周围环境更倾向于出尔反尔、以身犯险。[41] 总而言之，如果我们睡不好，就会像喝醉一样，做出糟糕的决策，无视规矩。

一个简单的方法可以让你明天以最佳状态出现在办公室，那就是按时上床睡觉。要确定晚上几点睡觉可以倒着算时间。首先问自己明天早晨需要几点起床。然后减去 8 小时，到时间就强制自己钻进被窝。

自律

有生产力的人是否比其他人更自律呢？不一定。但为何他们坚持得那么好？加里·凯勒在畅销书《最重要的事，只有一件》中提供了一些线索。[42]

凯勒告诉我们，当我们保持自律足够长的时间后，就会形成一套常规——也就是习惯。看上去自律的人，其实是培养了一些生活习惯，而并非在刻意循规蹈矩。利用这个规律，我们也可以培养出一个个好习惯。

这一思路正如亚里士多德在两千多年前所说："优秀是一门艺术，可以通过训练和培养习惯来获得：我们做得对并不是因为我们品德高尚或优秀，我们的高尚品德和优秀正是来自于我们做了对的事。反复做的事情造就了我们，因此优秀不是一种行为，而是一种习惯。" [43]

如果已经确定了培养习惯的目标，却发现无法坚持，你会怎么做？与其责备自己缺乏自律，不如把自己的步伐变小。假如你无论如何努力清空收件箱，但还是会积压大量邮件，那就改换一个更容易实现的策略吧。

还要记住，让习惯扎实需要时间。有人说至少需要 21 天[44]，还有人说平均需要 66 天。[45] 这自然取决于你想学会的行为是什么，以及现有习惯距离想达成的目标有多远。

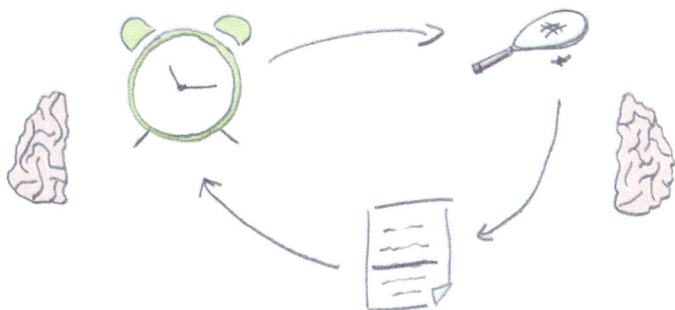

习惯的脑科学

习惯是我们在大脑中踩出的路。值得高兴的是，你可以对自己的习惯加以设计和编码。只要按照单核工作法的规则工作几周，就能逐渐培养起第二天性。不再需要分散精力来刻意遵守习惯，从而可以在最重要的任务上全力以赴。

每次经历全新类型的体验，大脑内的神经突触就会建立新的连接。下次再经历同样的体验时，这些连接会得到增强。大脑中对习惯进行编码和保持跟踪的部分被称为基底核。[46]

经过编码的习惯可以让大脑更有效地运作。每次体验到一个特殊的暗示，例如为下一个全景时段设置闹钟的动作，我们就进入了习惯模式。大脑皮质层的活动会被基底核的自动流程取代。

可以把习惯想象为一条回路：首先是暗示——创建闹钟；然后是行为过程——专注在一个任务上；最终是奖赏——闹钟响起，划掉已完成的任务。[47]

下面就是最棒的环节了。在多次重复这条回路后，大脑在出现暗示的同时就能感觉到奖赏，甚至不需要经历过程。我们在单核时段开始前设置闹钟时，就已经能体会到划掉任务的幸福感了。

坚持习惯

培养习惯的过程应该充满快乐，最佳的平衡点是在激励性诱因和积极诱因的交叉点上。[48] 检视自己的生活，找出需要改变哪些方面；想想形成习惯后做事得心应手的状态。知道了培养习惯的好处，我们才能投入这个自助的过程。

研究表明，抽象思维是达成自律的有效方法之一。[49] 你想要变得更健康，这个理想是不错；但具体的行动应该每次一小步、切实可行并且可以测量。例如制定每天吃三个水果的目标。

可以借助暗示来提醒自己执行习惯，而且要设法避免老掉牙的托辞："但我先要……" 在上班路上买三个水果，早晨吃一个，午饭后吃一个，下午三点吃一个。每天都在相同的地点和相同的时间做这些事。

公之于世。尽可能告诉更多的人，说你在尝试培养新的习惯。[50] 这不是要给自己增加压力，而是因为对自己所思所做进行解释和争辩的过程也是在说服和提醒自己。此外，别人可能还会教给你一些技巧。

如果偶尔失败，也别不好意思。别仅仅因为今天没达成计划，就默默地全盘放弃。这没什么大不了的。执行得越多，习惯就越稳固。甩掉自责心理，你也会更强大。[51] 明天再按计划继续。

思维导图

　　我每天要用到好几次思维导图。放射性思维常常是一种放松——通过互相联系来整理概念，而不是按顺序列清单。我不仅仅是在做会议记录和记听课笔记时画思维导图。在决策之前权衡利弊时，是使用思维导图的完美场合。

　　首先在白纸的中心写下主题。在文字旁边画点东西可以帮助记忆，但并不是必需的。在周围添加与主题相关的概念，用放射线把主题和相关概念连起来。现在，这些关联就是一幅思维导图了。

　　有证据表明，思维导图对长期记忆很有帮助。[52]一项研究还显示它能提高批判性思维能力。[53]我们的大脑喜欢在概念之间建立连接，[54]可惜顺序结构的笔记和线性思维方式都做不到这一点。

　　千万不要舍本逐末地追求美观漂亮，思维导图的价值在于能够简单、不受限制、全方位地记录思路和想法。画的时候也不应该想着怎么画完，只要毫无顾忌地把点子加进去就好。

　　如果你真的想要成为思维导图专家，我推荐东尼·博赞的《思维导图宝典》一书[55]。但要记住，思维导图只是一个工具。就像锤子，应该在需要的时候让它为你服务，而不是练成耍大锤的花架子。

给创意充电：小结

问："别再开始了，开始完成吧"是单核工作法的精神写照。假如遇到一项解不开的难题，我能不能跳过它去做新任务呢？

答：问题无解可能是因为创造力陷入了僵局。答案就在那儿，但我们没看到，因为另一个更简单的想法阻塞了思路。这时候不要做多任务切换，与其转向其他"战场"，不如出来散个步，把障碍清除掉。

问：哪种散步方式效果更好？

答：证据表明，到户外郊野环境走一走对创造力有好处。不过平常的身体锻炼就可以增强认知能力。重点是形成日常规律，而且不需要太长时间，每小时在办公室里溜达 5 分钟就比坐着不动强。

问：还有哪些生活习惯能让思维更敏捷？

答：保证充足的睡眠，否则会容易忘事和犯错，得不偿失。血糖水平忽高忽低会耗尽大脑能量。有研究表明，多吃水果蔬菜的人生产力更高。

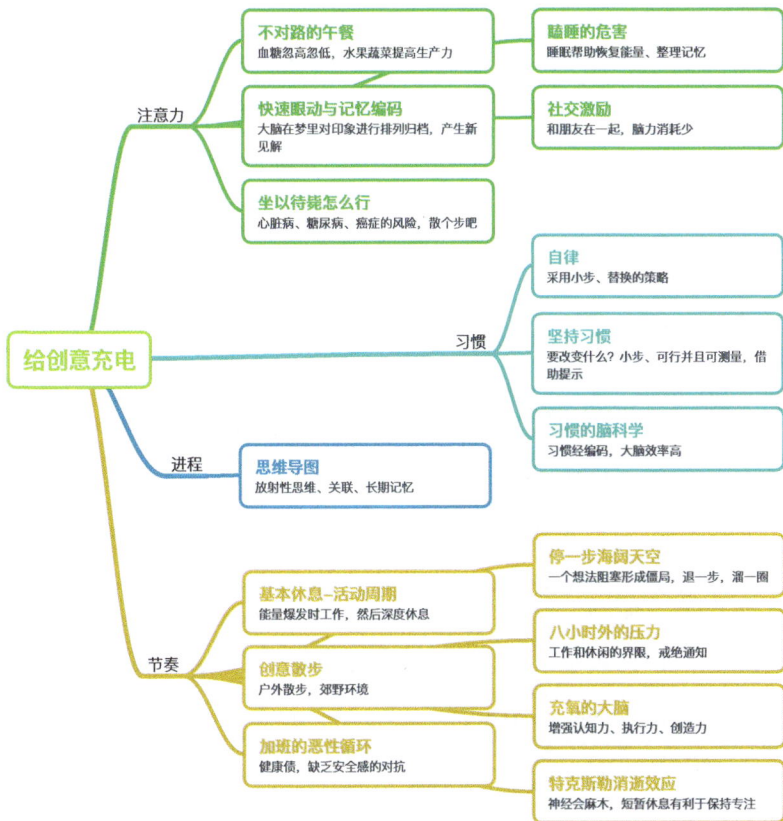

注释

[1] Loprinzi, P. D., Cardinal, B. J. "Association Between Objectively-measured Physical Activity and Sleep", *Mental Health and Physical Activity*, 4(2), 2011.

[2] Hobbs, C. R. *Time Power*, Harper & Row, 1987.

[3] Pessoa, L., De Weerd, P. *Filling-In: From Perceptual Completion to Cortical Reorganization*, Oxford University Press, 2003.

[4] Ariga A., Lleras A. "Brief and Rare Mental 'Breaks' Keep You Focused: Deactivation and Reactivation of Task Goals Preempt Vigilance Decrements", *Cognition*, 118(3), 2011.

[5] Aserinsky, E., Kleitman, N. "Regularly occurring periods of eye motility, and concomitant phenomena, during sleep", *Science*, 118(3062), 1953.

[6] Kleitman, N. *Sleep and Wakefulness*, University of Chicago Press, 1963.

[7] Ericsson, K. A., Krampe, R. T., Tesch-Römer, C. "The role of deliberate practice in the acquisition of expert performance", *Psychological Review*, 100(3), 1993.

[8] Loehr, J., Schwartz, T. *The Power of Full Engagement: Managing Energy, Not Time, is the Key to High Performance and Personal Renewal*, Simon and Schuster, 2003.

[9] Morris, J. N., Heady, J. A., Raffle, P. A. B. et al. "Coronary heart-disease and physical activity of work", *The Lancet*, 1953.

[10] Biswas, A., Oh, P. I., Faulkner, G.E. et al. "Sedentary Time and Its Association With Risk for Disease Incidence, Mortality, and Hospitalization in Adults: A Systematic Review and Meta-analysis". *Annals of Internal Medicine*, 2015.

[11] Garrett, G., Benden, M., Mehta, R. et al. "Call Center Productivity Over 6 Months Following a Standing, Desk Intervention", *IIE Transactions on Occupational Ergonomics and Human Factors*, 2016.

[12] Hamer M., Chida Y. "Physical Activity and Risk of Neurodegenerative Disease: A Systematic Review of Prospective Evidence", *Psychological Medicine*, 39, 2009.

[13] Castelli, D. M., Hillman, C. H., Buck, S. M., and Erwin, H. E. "Physical Fitness and Academic Achievement in Third- and Fifth-Grade Students", *Journal of Sport & Exercise Psychology*, 29, 2007.

[14] Loprinzi, P. D., Cardinal, B. J. "Association Between Objectively-measured Physical Activity and Sleep", *Mental Health and Physical Activity*, 4(2), 2011.

[15] Atchley, R. A., Strayer, D. L., Atchley, P. "Creativity in the Wild: Improving Creative Reasoning Through Immersion in Natural Settings", *Journal PLoS One*, December 12, 2012.

[16] Hartig, T., Evans, G. W., Jamner, L. D. et al. "Tracking restoration in natural and urban field settings", *Journal of Environmental Psychology*, 23(2), 2003.

[17] Opipari, B. "Run to Write: How Exercise Will Make You a Better Writer", *20 Perspectives: Teaching Legal Research and Writing*, 104, 2012.

[18] Oppezzo, M., Schwartz, D. L. "Give your ideas some legs: The positive effect of walking on creative thinking", *Journal of Experimental Psychology: Learning, Memory, and Cognition*, 40(4), 2014.

[19] Hogan, C. L., Catalino, L. I., Mata, J., Fredrickson, B. L. "Beyond emotional benefits: Physical activity and sedentary behaviour affect psychosocial resources through emotions", *Psychology and Health*, 30(3), 2015.

[20] Steinberg, H., Sykes, E. A., Moss, T. "Exercise enhances creativity independently of mood", *British Journal of Sports Medicine*, 31, 1997.

[21] Merrill R. M., Aldana S. G., Pope J. E. et al. "Self-Rated Job Performance and Absenteeism According to Employee Engagement, Health Behaviors, and Physical Health", *Journal of Occupational and Environmental Medicine*, 55(1), 2012.

[22] Conner, T. S., Brookie, K. L., Richardson, A. C., Polak, M. A. "On carrots and curiosity: Eating fruit and vegetables is associated with greater flourishing in daily life", *British Journal of Health Psychology*; 20(2), 2014.

[23] Shiv, B., Fedorikhin, A. "Heart and Mind in Conflict: the Interplay of Affect and Cognition in Consumer Decision Making", *Journal of Consumer Research*; 26(3), 1999.

[24] Gailliot, M. T., Baumeister, R. F. "The Physiology of Willpower: Linking Blood Glucose to Self-Control", *Personality and Social Psychology Review*; 11(4), 2007.

[25] Dettmers, J., Vahle-Hinz, T., Bamberg, E. et al. "Extended work availability and its relation with start-of-day mood and cortisol", *Journal of Occupational Health Psychology*; 21(1), 2016.

[26] Gajendran, R. S., Harrison, D. A. "The good, the bad, and the unknown about telecommuting: Meta-analysis of psychological mediators and individual consequences", *Journal of Applied Psychology*; 92, 2007.

[27] Coan, J. A., Schaefer, H. S., and Davidson, R. J. "Lending a Hand: Social Regulation of the Neural Response to Threat Psychological", *Science*, 17(12), 2006.

[28] Bliss, E. C. *Getting Things Done*, Ch. Scribner, 1976.

[29] Bird, C., Yutzy, T. D. "The Tyranny of Time: Results Achieved vs. Hours Spent", *Journal of Nursing Administration*; 1(5), 1971.

[30] Marsland, A. L., Cohen, S., Rabin, B. S. Manuck, S. B. "Associations between stress, trait negative affect, acute immune reactivity, and antibody response to hepatitis B injection in healthy young adults", *Health Psychology*; 20(1), 2001.

[31] Wiley, J., Jarosz, A. F. "Working Memory Capacity, Attentional Focus, and Problem Solving", *Current Directions in Psychological Science*; 21(4), 2012.

[32] 亚历克·麦肯齐,《小心,时间的陷阱》,中信出版社,2012。

[33] Eureka,在希腊语中表示"我发现了"。——译者注

[34] Langley, P., and Jones, R. "A computational model of scientific insight in The Nature of creativity: contemporary psychological perspectives", edited by Sternberg, R.J., Cambridge University Press, 1988.

[35] Jung-Beeman M., Bowden E. M., Haberman J. et al. "Neural Activity When People Solve Verbal Problems with Insight". *PLoS Biology*; 2(4), 2004.

[36] Ohlsson, S. *Deep Learning: How the Mind Overrides Experience*, Cambridge University Press, 2011.

[37] Stickgold, R., Walker, M. P. "Sleep-dependent Memory Triage: Evolving Generalization Through Selective Processing", *Nature Neuroscience*; 16(2), 2013.

[38] "The Road To Preventing Drowsy Driving Among Shift Workers Employer Administrator's Guide", National Highway Traffic Safety Administration and National Center on Sleep Disorders Research at the National Institutes of Health, 1998.

[39] Williamson, A. M., Feyer, A-M. "Moderate Sleep Deprivation Produces Impairments in Cognitive and Motor Performance Equivalent to Legally Prescribed Levels of Alcohol Intoxication", *Occupational & Environmental Medicine*; 57(10), 2000.

[40] Ratcliff R., Van Dongen, H. P. A. "Sleep Deprivation Affects Multiple Distinct Cognitive Processes", *Psychonomic Bulletin & Review*; 16(4), 2009.

[41] Glass B. D., Maddox W. T., Bowen C. et al. "The Effects of 24-hour Sleep Deprivation on the Exploration-Exploitation Trade-off", *Biological Rhythm Research*; 42(2), 2011.

[42] 加里·凯勒、杰伊·帕帕森,《最重要的事,只有一件》,中信出版集团,2015。

[43] 威尔·杜兰特,《哲学的故事》,新星出版社,2013。

[44] 麦克斯威尔·马尔茨,《心理控制方法:3000万人正在实践的超级心理学》,湖南文艺出版社,2015。

[45] Lally, P., van Jaarsveld, C. H. M., Potts, H. W. W. and Wardle, J. "How are Habits Formed: Modelling Habit Formation in the Real World", *European Journal of Social Psychology*, 40(6), 2010.

[46] Brann, A. *Make Your Brain Work: How to Maximize Your Efficiency, Productivity and Effectiveness*, Kogan Page, 2013.

[47] 查尔斯·杜希格,《习惯的力量》,中信出版社,2013。

[48] 马歇尔·古德史密斯、马克·莱特尔,《自律力:创建持久的行为习惯,成为你想成为的人》,广东人民出版社,2016。

[49] Fujita, K., Trope, Y., Liberman, N., Levin-Sagi, M. "Construal levels and self-control", *Journal of Personality and Social Psychology*, 90(3), 2006.

[50] 里奥·巴伯塔,《少做一点不会死》,北京联合出版公司,2016。

[51] 凯利·麦格尼格尔,《自控力》,印刷工业出版社,2012。

[52] Farrand, P., Hussain, F. and Hennessy E. "The Efficacy of the 'Mind Map' Study Technique", *Medical Education*, 36(5), 2002.

[53] Atay S, Karabacak Ü. "Care Plans Using Concept Maps and Their Effects on the Critical Thinking Dispositions of Nursing Students", *International Journal of Nursing Practice*, 18, 2012.

[54] Anokhin P.K. "The Forming of Natural and Artificial Intelligence", *Impact of Science on Society*, 23(3), 1973.

[55] 东尼·博赞,《思维导图宝典》,化学工业出版社,2014。

大脑地图

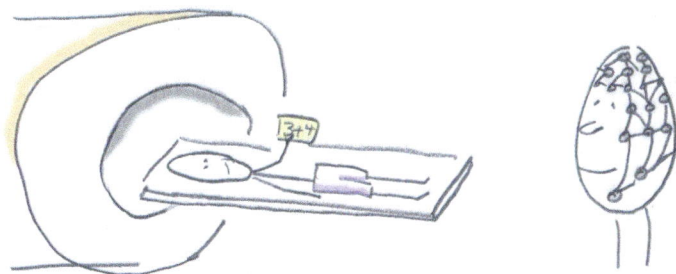

大脑地图是如何绘制的

对于大脑的解剖结构以及大脑的不同区域分别对应什么功能，研究人员始终兴趣浓厚。要研究后者，可以请某人做计算题、唤起一段记忆或者进行其他一些任务，同时对其大脑进行扫描，观察活跃区域。

进行大脑成像的方法有很多。正电子发射计算机断层扫描（positron emission tomography，PET）是其中一种方法，其原理是为患者注射放射性的氧分子或糖分子。不过当今最常用的方法是脑电描记术（electro-encephalography，EEG）和功能磁共振成像

（functional magnetic resonance imaging, fMRI）。

EEG 方法使用带有电极的头盔、发网或者直接将电极贴到皮肤上，来对脑电活动进行记录。这一方法由汉斯·博格于 1924 年首创。[1] 当代计算机强大的数据处理能力已经可以分析所有收集到的数据，让这一方法有了更多用武之地。

fMRI 方法让患者平躺在充满磁场的圆柱体仪器中，并要求患者计算两个较大数字相加的和。这时血液和氧会向大脑中解决计算问题的区域流动，从而造成磁场信号的变化。对照反复扫描的结果，可以找出发生变化的位置。

光学成像技术前景广阔。首次尝试是在 1977 年，通过近红外光测量猫大脑中的血液和氧。[2] 如今采用的方法是把一个光谱感应器贴在人的前额上，来对血流和含氧量的变化进行监测。

大脑皮层

在脊椎动物大脑的基础上，哺乳动物大脑进化有一组特殊的结构，被称为边缘系统，其表面就是大脑皮层。人类的大脑皮层很大，将我们与其他动物区别开来。它包含四对脑叶。

额叶在大脑左右两边各一个。它包含精妙绝伦的前额叶皮层，我们会在下一页详述。大部分与奖励、动机、计划、注意和短期记忆有关的任务都由这组脑叶中的系统负责控制。它还控制行走之类的活动。

枕叶处理视觉信息，涉及的功能有颜色检测、深度感知以及运动检测等。正确看到东西的能力生死攸关，所以人类大脑形成了目前这样的设计。这部分脑叶整体专门用来进行视觉处理。

顶叶负责关心身体认知和空间位置信息，它也收集皮肤传来的感觉。来自耳朵和眼睛的信息经过其他脑叶传递，在这里进行处理。顶叶的功能还包括进行一部分语言处理。

颞叶对我们听到和看到的事物进行高级组合。它尤其擅长进行模式识别，例如认出眼前的面孔是谁。颞叶还将耳朵听到的信息转换为语音和文字。

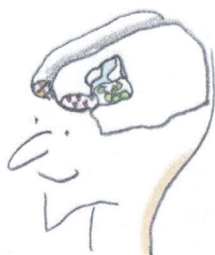

背外侧皮层

眶额皮层

腹外侧皮层

腹内侧皮层

前额叶皮层

前额叶皮层是额叶最前面的部分。理性思维和决策制定在这里进行，其中包括组织计划和监视目标的过程。它的其他重要功能还有直觉和想象。下面对它的组成部分加以描述。

背外侧皮层有时被称为大脑的首席执行官。决策制定是集中在这里进行的。它会借助过去对未来进行模拟，通过评估风险和道德因素来做出决策。它优先考虑的是利弊权衡，而不是情绪反应。

眶额皮层是大脑的事实监督员。面对几个选项，我们可以推测性地想象每个选项会带来什么样的经历和感受。在做梦时眶额皮层是不工作的，这就是我们在梦里经常天马行空的原因。

腹外侧皮层控制注意力，帮助我们抵御切换任务的诱惑。如果无法排除分心的事物，我们就无法专注。研究显示，当工作记忆的负载增加时，大脑腹外侧皮层会非常活跃。

腹内侧皮层让我们感觉世界是完整、有意义的，一切都是有道理的。它对社会规范的感受和理解让我们能够从道德层面对行为和观点进行解读。

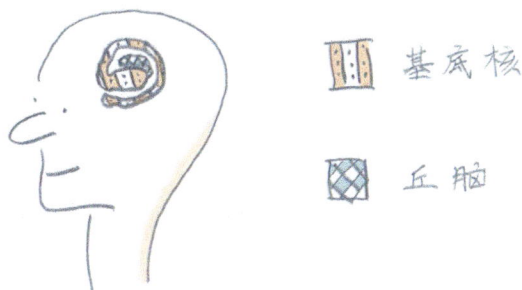

基底核

丘脑

丘脑和基底核

丘脑是控制信息在大脑各部分间传递的指挥中心。丘脑的英文名称（thalamus）与希腊语中的"门房"一词相似。虽然作用类似于交通枢纽，但它还控制着意识，对唤醒、警觉度和注意力也有影响。

特别要指出，大脑皮层（大脑中最聪明的部分）与其他部分的通信要通过丘脑进行。这就是为什么丘脑损伤会让人昏迷不醒。它还负责筛选来自耳朵、眼睛、嘴和皮肤的信号，决定哪些能够进入大脑皮层。

基底核是实施习惯所必需的部分。它对习惯进行识别、存储和重复。这些过程有时甚至是下意识的。如果我们重复某一个行为，它就有可能被编码在基底核中。这样，再取出这套惯例时就可以不费力气，自动完成。

基底核中有一部分叫作伏隔核，它构成了奖赏回路的一条主要通道。在形成包含暗示的记忆、突出环境刺激、关联各种正面和负面体验方面，它扮演着关键的角色。

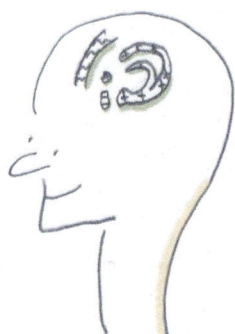

边缘系统

1878 年，保罗·布洛卡发表了一篇关于"伟大的边缘叶"的论文。[3] 在皮层以下，灰质包围着相当于爬行动物级别的脑干。大脑灰质负责存放感情，例如对家人的关心。下面对边缘系统的几个重要部分进行说明。

杏仁核部分形如其名。它与前额叶皮层互动，产生并输出强烈的情绪，例如快乐、愤怒和恐惧。它类似于大脑里的感受温度计。我们的反应越情绪化，杏仁核就越活跃。

前扣带皮层监测我们向既定目标前进的过程。如果事情发展不符合预期，这部分就会被激活。前扣带皮层的工作非常重要——发现错误和冲突，我们就知道也许要改变策略。不过如果它活动太频繁，反而会让我们拒绝改变。

下丘脑负责调节和平衡饥饿、对疼痛的反应、愤怒、睡眠周期等。有时它被称为大脑中最重要的部分，因为它是维持生命过程所必需的。一部分激励和防御行为也受它控制。

海马体看上去像一只海马。它负责检测新事件、新地点和新刺激，随后在对这些信息的统一和强化上发挥重要作用，以便将这些信息编码为长期记忆。它还会将感受附加在已经存储的记忆上。

注释

[1] Haas L. F. "Hans Berger (1873–1941), Richard Caton (1842–1926), and electroencephalography, Journal of Neurology", *Neurosurgery & Psychiatry*, 74(1), 2003.

[2] Jöbsis F. F. "Noninvasive, infrared monitoring of cerebral and myocardial oxygen sufficiency and circulatory parameters", *Science*, 198(4323), 1977.

[3] Finger, S. *Origins of Neuroscience: A History of Explorations Into Brain Function*, Oxford University Press, 1994.

后 记

由于《番茄工作法图解》一书的成功，我于 2015 年 10 月受邀来到中国，游览了这个美丽的国家。我把个人生产力课堂开在了天津的小书店、上海的大会场，几乎每天都要前往一座新城市进行演讲——深圳、南京、北京……在每个地方，都有人充满好奇地问我："当我们有许多任务要做的时候，怎样才能把事情做成呢？"我的答案就是单核工作法——交付"关键的少数"，略过"有用的多数"。

真相是，对各种需求来者不拒，并不会让你取得更多成就——结果反而会事倍功半。单核工作法简单易行，你可以就从今天开始：把眼下最重要的 5 项任务写在一张纸上，这就是你当前的快捷清单。然后根据直觉，从其中选择一项，心无旁骛地专心做这一件事吧。

尝试单核工作法两周之后，请务必和我联系，告诉我你的体验。可以发送电子邮件，也可以在微信、微博、Twitter、Facebook 和 LinkedIn 等社交媒体上找到我。我期待听到单核工作法带给你的改变。

最真诚的祝福，
Staffan

☐ 邮箱：staffan.noteberg@rekursiv.se
☐ 微信：staffannoteberg
☐ 微博/Twitter：@staffannoteberg
☐ Facebook/LinkedIn：Staffan Nöteberg

致谢

感谢 Erik Alsmyr、Tobias Anderberg、Karl Dickson、Åsa Dickson、Ola Ellnestam、Mats Henricson、Lina Leufvén、Viktor Nordling、Ann-Sofie Nöteberg、Joakim Ohlrogge、Tomas Rahkonen、大胖和杨琳。

版 权 声 明